21世纪应用型创新实践实训教材

高级财务会计实训教程

李 丹 苏 菲 许娟娟 ◎ 编 著

清华大学出版社
北京

内 容 简 介

本书内容紧随国际财务报告准则的出台与修订，具有一定的特殊性、复杂性和前沿性。全书共12章，分别为企业合并与合并财务报表、外币交易、衍生金融工具会计、分部报告与中期报告、租赁会计、债务重组与破产清算以及合伙企业会计。本教材各章包含最新会计准则、讨论与思考、案例与实训，通过实训活动与练习提升学生自我获取知识的能力。

本书可作为高等学校会计与财务管理专业相关课程的实践指导教材，亦可作为财会实务人员的参考用书。

本书封面贴有清华大学出版社防伪标签，无标签者不得销售。
版权所有，侵权必究。举报：010-62782989，beiqinquan@tup.tsinghua.edu.cn。

图书在版编目(CIP)数据

高级财务会计实训教程/李丹，苏菲，许娟娟编著．—北京：清华大学出版社，2021.11
21世纪应用型创新实践实训教材
ISBN 978-7-302-59205-1

Ⅰ.①高… Ⅱ.①李… ②苏… ③许… Ⅲ.①财务会计－教材 Ⅳ.①F234.4

中国版本图书馆CIP数据核字(2021)第187909号

责任编辑：贺　岩
封面设计：汉风唐韵
责任校对：王凤芝
责任印制：宋　林

出版发行：清华大学出版社
网　　址：http://www.tup.com.cn，http://www.wqbook.com
地　　址：北京清华大学学研大厦A座　　邮　编：100084
社 总 机：010-62770175　　邮　购：010-62786544
投稿与读者服务：010-62776969，c-service@tup.tsinghua.edu.cn
质量反馈：010-62772015，zhiliang@tup.tsinghua.edu.cn

印 装 者：三河市金元印装有限公司
经　　销：全国新华书店
开　　本：185mm×260mm　　印　张：15.25　　字　数：319千字
版　　次：2022年1月第1版　　印　次：2022年1月第1次印刷
定　　价：45.00元

产品编号：086907-01

21世纪应用型创新实践实训教材编委会

主 任 委 员：刘　斌
副主任委员：黄顺泉　李国民　朱晓怀
委员（按姓氏拼音排序）：
　　　　陈　磊　甘昌盛　甘胜军　郭志英
　　　　黄顺泉　李　丹　李国民　刘　斌
　　　　蒲　实　田建芳　肖康元　徐梅鑫
　　　　余良宇　赵耀忠　郑卫茂　朱晓怀

序

国家"互联网+"战略的实施加速了"大智移云"时代的到来,给经济活动和社会发展带来深远影响。企业财会工作向信息化、智能化转变,财会工作岗位所要求的理论素养和实践技能也随之发生深刻变革。这一变革对于高等院校人才的培养模式、教学改革以及学校转型发展都提出了新的要求。自2015年起,上海市教育委员会持续开展上海市属高校应用型本科试点专业建设工作,旨在提高学生综合素质,增强学生创新和实践能力。

上海海事大学会计学专业始创于1962年,是恢复高考后于1978年在上海市与原交通部所属院校中率先复办的专业,以会计理论与方法在水运行业的应用为特色。进入21世纪后,上海海事大学会计学专业对会计人才的培养模式进行了全方位的探索与实践,被列入上海市属高校应用型本科试点专业建设,将进一步促进专业的发展,增强专业的应用特色。

教材是实现人才培养目标的重要载体,依据"应用型本科试点专业"的目标定位与人才培养模式的要求,上海海事大学经济管理学院组织编撰"21世纪应用型创新实践实训教材"。本系列教材具有以下特点。

(1) 系统性。本系列教材不仅涵盖会计学专业核心课程的实践技能,还涵盖管理学、经济学和统计学等学科基础课程的实践技能,并注重课程之间的交叉和衔接,从不同维度培养学生的实践应用能力。

(2) 真实性。本系列教材的部分内容来源于企业的真实资料,例如,《中级财务会计实训教程》《成本会计实训教程》《审计学实训教程》的资料来源于某大型交通制造业企业;《财务软件实训教程》的资料来源于财务软件业知名企业;《财务管理实践教程》的资料来源于运输企业。

(3) 创新性。本系列教材在内容结构上进行了新的探索与设计,突出了按照会计岗位对应实践技能需求的特色,教学内容得到了优化整合。

(4) 校企融合性。本系列教材的编撰人员具有丰富的教学和实践经验,既有双师型高校教师,也有企业会计实务专家。

相信本系列教材的出版,在更新知识体系、增强学生实践创新能力、培养应用型人才等方面能够发挥预期的作用,提升应用型本科试点专业的建设水平。

2020年7月

前言

本教材是财务会计实训教材系列之一,要求在系统学习了《基础会计》《中级财务会计》之后,在学习《高级财务会计》时配套使用。本书也可用于高等院校会计学专业、工商管理类专业、MPAcc专业等学生的会计案例与实务课程。同时,对希望在短期内提升会计职业认知水平和职业技能的人士有一定参考价值。

本教材共12章,分别为企业合并与合并财务报表、外币交易、衍生金融工具会计与套期保值会计、分部报告与中期报告、租赁会计、财务困境的公司债务重组与破产清算以及合伙企业会计。本教材各章包含最新会计准则、学习目标、讨论与思考、案例与实训。

本教材具有如下特色:

1. 体现最新的会计法规和相关规制。本教材依据2019年最新修订的会计准则,如租赁会计准则、金融工具准则、债务重组准则的相关要求编写,以帮助读者掌握最新的会计法规。

2. 体现航运业实验素材的典型性。在教材专题案例分析与模拟的内容中增加航运业典型的案例与业务分析,在体现会计专题普遍适用性的基础之上,也体现了航运业特色。

3. 各章内容分工明确,高级财务会计专题的案例与实训具有一定深度与探讨性。本教材是《高级财务会计》的配套实训用书,与《高级财务会计》编写体系相同,同时各章模拟实训练习又相互联系,构成较完整的综合性实训。

本教材由上海海事大学经济管理学院李丹副教授、苏菲博士和南京审计大学许娟娟博士共同编写完成。具体分工如下:第1章和第5章由许娟娟博士编写。第2、3、4章由苏菲、许娟娟博士共同编写,其中苏菲博士负责同一控制合并报表编写,许娟娟博士负责非同一控制合并报表编写。第6章和第7章由苏菲博士编写。第8、9、10、11、12章由李丹副教授编写。

疏漏和不当之处,敬请各位同仁批评指正。

目 录

第 1 章　企业合并 …… 1

学习目标 …… 1
1.1　企业合并的定义 …… 1
1.2　企业合并的动因 …… 1
1.3　企业合并的种类与支付方式 …… 2
1.4　合并案例 …… 3
本章小结 …… 4
思考题 …… 4

第 2 章　企业合并的会计方法 …… 5

学习目标 …… 5
2.1　同一控制下的企业合并 …… 5
2.2　非同一控制下的企业合并 …… 7
2.3　同一控制下企业合并案例 …… 7
2.4　非同一控制下企业合并案例 …… 8
2.5　实训活动 …… 17
2.6　企业合并实训练习 …… 38
本章小结 …… 46
思考题 …… 46

第 3 章　合并日的合并财务报表 …… 47

学习目标 …… 47
3.1　合并财务报表概述 …… 47
3.2　合并日合并财务报表的编制 …… 50
3.3　同一控制下合并日合并财务报表编制案例 …… 52
3.4　非同一控制下合并日合并财务报表编制案例 …… 67
3.5　实训活动 …… 76

3.6 合并日合并报表编制实训练习 ·· 89
本章小结 ··· 96
思考题 ··· 96

第4章 合并日后的合并财务报表 ·· 97

学习目标 ··· 97
4.1 将母子公司个别财务报表数据过入合并工作底稿 ······················· 97
4.2 编制合并日后合并财务报表的调整、抵销分录,并将其过入合并
    工作底稿 ·· 97
4.3 计算得出各报表项目的合并数 ··· 99
4.4 编制合并资产负债表、合并利润表与合并所有者权益变动表 ······· 100
4.5 实训活动 ·· 100
4.6 合并日后合并财务报表实训练习 ··· 126
本章小结 ··· 128
思考题 ··· 129

第5章 集团内部存货交易 ·· 130

学习目标 ··· 130
5.1 内部存货交易的抵销处理 ·· 130
5.2 内部存货跌价准备的抵销处理 ·· 131
5.3 连续编制合并报表时内部存货交易 ······································· 132
5.4 实训活动 ·· 132
5.5 合并日后合并财务报表实训练习 ··· 134
本章小结 ··· 135
思考题 ··· 135

第6章 集团内部固定资产交易 ·· 136

学习目标 ··· 136
6.1 内部固定资产交易当期的抵销处理 ······································· 136
6.2 对于往年固定资产内部交易,至清理期前的合并处理 ················ 137
6.3 内部交易固定资产清理期间的合并处理 ································· 137
6.4 实训活动 ·· 138
6.5 集团内部固定资产交易实训练习 ··· 145
本章小结 ··· 146
思考题 ··· 147

第 7 章　外币交易会计 ··· 148

学习目标 ·· 148
7.1　外币交易定义 ··· 148
7.2　记账本位币的确定 ······································· 148
7.3　外币交易的相关会计处理 ······························ 149
7.4　实训活动 ·· 150
7.5　外币交易实训练习 ······································· 154
本章小结 ·· 155
思考题 ··· 156

第 8 章　衍生金融工具会计 ····································· 157

学习目标 ·· 157
8.1　衍生金融工具的含义及分类 ·························· 157
8.2　套期保值 ·· 158
8.3　L 海运公司套期保值案例 ····························· 163
8.4　中粮公司公允价值套期保值案例 ··················· 167
8.5　优悠进出口贸易公司外币汇率套期保值案例 ··· 169
8.6　实训活动 ·· 170
8.7　套期保值实训练习 ······································· 173
本章小结 ·· 174
思考题 ··· 175

第 9 章　分部报告与中期报告 ·································· 176

学习目标 ·· 176
9.1　分部报告 ·· 176
9.2　中期报告 ·· 177
9.3　某交通运输集团公司分部报告案例 ················ 178
9.4　季节性行业中期财务报告披露问题——獐子岛公司案例 ··· 181
9.5　实训活动 ·· 182
本章小结 ·· 187
思考题 ··· 187

第 10 章　租赁会计 ·· 188

学习目标 ·· 188

10.1	租赁的相关概念	188
10.2	承租人的会计处理	189
10.3	出租人的会计处理	189
10.4	售后租回	190
10.5	确定合同是否让渡已识别资产使用权利案例	190
10.6	"海洋石油"船舶融资租赁案例	191
10.7	售后租回案例	194
10.8	实训活动	196
10.9	租赁实训练习	200

本章小结 … 201

思考题 … 202

第11章 公司财务困境 … 203

学习目标 … 203

11.1	债务重组	203
11.2	破产清算	206
11.3	天河公司债务重组案例	208
11.4	ST公司企业重组与破产清算案例	210
11.5	航运史上最大破产案——韩进海运公司破产	213
11.6	实训活动	215
11.7	债务重组实训练习	217

本章小结 … 218

思考题 … 219

第12章 合伙企业会计 … 220

学习目标 … 220

12.1	合伙企业特征及会计核算特点	220
12.2	合伙企业会计核算	220
12.3	合伙人权益变更	221
12.4	重要合伙人与国际"四大"会计师事务所发展案例	222
12.5	合伙人损益分配与薪酬设计案例	224
12.6	实训活动	225
12.7	合伙企业会计实训练习	228

本章小结 … 230

思考题 … 230

第 1 章

企 业 合 并

学习目标

1. 掌握企业合并的含义。
2. 了解企业合并的动因。
3. 掌握企业合并的种类。

※ **本章相关的会计准则**

1. 《企业会计准则第 20 号——企业合并》
2. IFRS 3 Business Combinations（revised 2008）

1.1 企业合并的定义

企业合并是指将两个或者两个以上单独的企业（主体）合并形成一个报告主体的交易或事项。

我国《企业会计准则第 20 号——企业合并》中给出了企业合并的定义：企业合并是将两个或两个以上单独的企业（主体）合并形成一个报告主体的交易或事项。在理解合并概念时，至少应当注意以下两个问题。

（1）被并方是否构成业务。业务是指企业内部某些生产经营活动或资产、负债的组合。该组合具有投入、加工处理和产出的能力，能够独立计算其成本费用和产生的收入。

（2）交易或事项发生前后是否引起控制权的转移，是否引起报告主体的变化。

1.2 企业合并的动因

（1）协同效应；
（2）扩大市场份额；
（3）合理避税；

(4) 传递信息；

(5) 降低自由现金流量；

(6) 打破行业壁垒；

(7) 增强国际竞争；

(8) 多元化经营；

(9) 资产剥离；

(10) 政府导向。

1.3　企业合并的种类与支付方式

1. 企业合并按照控制权进行分类

按合并双方合并前后是否均受同一方或相同的多方最终控制，企业合并分为同一控制下企业合并和非同一控制下企业合并两类。

同一控制下企业合并，是指参与合并的企业在合并前后均受同一方或相同的多方最终控制且该控制并非暂时性。非同一控制下企业合并，是指参与合并的各方在合并前后不受同一方或相同的多方最终控制。

为了正确理解这两类企业合并的定义，至少应当搞清以下几个问题：

(1) "同一方""相同的多方"的含义；

(2) "控制""最终控制"的含义以及控制的"暂时性"与"非暂时性"的划分标准；

(3) 两类合并的参与方称谓的比较；

(4) 合并日或购买日的确定；

(5) 两类合并的合并对价形式比较等。

尤其值得注意的是，两类合并的经济实质有所不同。同一控制下企业合并，其实质上是一个对合并各方资产、负债进行重新组合的经济事项，合并各方自愿进行；非同一控制下企业合并，其实质上是一种交易行为，其结果是合并方购买了被合并方的净资产或控制权。两类企业合并的实质不同，也就决定了相应的会计处理上的区别。

2. 企业合并按照法律形式进行分类与按照控制权进行分类的联系

按照控制权，企业合并分为同一控制下企业合并与非同一控制下企业合并。按照法律形式，企业合并分为吸收合并、新设合并与控股合并。因此，无论是同一控制下的企业合并，还是非同一控制下的企业合并，按照法律形式，均可进一步分为吸收合并、新设合并与控股合并。

3. 会计界定的企业合并与公司法所界定的企业合并的区别

根据企业合并的定义,会计意义下的企业合并强调合并后形成一个报告主体。而公司法下的企业合并,强调合并后形成一个法律主体,因此只包括吸收合并和新设合并。控股合并因为合并前后法律主体没有改变,因此不属于公司法所定义的合并。会计意义下的企业合并包括吸收合并、新设合并与控股合并。

4. 企业合并的支付方式主要包括现金合并、股权合并以及杠杆合并

现金合并是指由合并方支付现金,以换取被并公司的所有权。股权合并是指合并公司采取增加发行本公司的股票达到合并目的。杠杆合并是指一家或几家公司在银行贷款或金融市场借贷的支持下进行的合并。通常采用以被合并公司的资本和收益作为借贷抵押。

1.4 合并案例

闪电是北京闪电科技有限公司旗下的产品,诞生于 2012 年 6 月,最初是一款用来制作、分享 GIF 图片的手机应用。2013 年 12 月,闪电从纯粹的工具应用转型为短视频社区,用于用户记录和分享生活的平台。

Dood 是一家主要关于 ACG 的弹幕式视频分享网站,开设于 2007 年 6 月,最初为动画连载的网站。Dood 站 2016 年的营业收入约为 468 万元,净亏损 1.08 亿元,Dood 站 2017 年前 10 个月营业收入约为 88 万元,净亏损 1.28 亿元。资产总额约为 2 828 万元的 Dood 站,总负债高达 1.88 亿元。

2018 年 9 月 8 日,Dood 站的母公司将其持有的子公司的代表约 2 080 万元注册资本的股权质押给了北京闪电科技有限公司,闪电科技的注册资本数恰好为约 2 080 万元,Dood 站将旗下一个子公司的股权全数质押给闪电科技。

2018 年 10 月 6 日,闪电全资收购二次元弹幕网站 Dood。

讨论:

1. 按合并双方合并前后是否均受同一方或相同的多方最终控制,上述收购案例,属于哪一类企业合并?

2. 结合企业合并的动因回答,在收购前,Dood 站的盈利能力一直堪忧,那么闪电为什么还要收购 Dood?

【案例分析】

1. 属于非同一控制下企业合并。因为二者在收购前后并不属于同一个集团控制。

2. 按照合并动因理论,收购案例可以发挥管理协同效应和经营协同效应。管理协同效应理论认为产生合并的原因在于交易双方的管理效率存在差异,因而具有较高效率的

公司合并具有较低效率的公司能提高目标公司的效率,而合并公司也因此获益。经营协同效应理论认为具有不同优势的公司间,通过合并能产生优势互补或者规模经济,进而促进双方效率的提高。

本章小结

《企业会计准则第 20 号——企业合并》中企业合并是指将两个或者两个以上单独的企业(主体)合并形成一个报告主体的交易或事项。企业合并分为同一控制下的企业合并和非同一控制下的企业合并。同一控制下企业合并,是指参与合并的企业在合并前后均受同一方或相同的多方最终控制且该控制并非暂时性。非同一控制下企业合并,是指参与合并的各方在合并前后不受同一方或相同的多方最终控制。

 思考题

1. 什么是企业合并?企业合并的意义是什么?
2. 什么是同一控制下企业合并?
3. 什么是非同一控制下企业合并?
4. 企业合并的方式有哪些?
5. 吸收合并、新设合并以及控股合并有何区别?
6. 吸收合并、新设合并以及控股合并合并后会计主体与法律主体是否统一?

第 2 章

企业合并的会计方法

学习目标

1. 掌握权益结合法。
2. 掌握购买法。
3. 掌握同一控制下企业合并会计业务处理。
4. 掌握非同一控制下企业合并会计业务处理。

※ **本章相关的会计准则**
1.《企业会计准则第 20 号——企业合并》,2014 年修订
2. IFRS 3 Business Combinations（revised 2008）

2.1 同一控制下的企业合并

1. 权益结合法

含义：权益结合法认为企业合并是合并各方所有者权益的结合,不存在任何一方取得参与合并的其他各方净资产或经营控制权。不存在新的计价基础。资产、负债以账面价值列示。

理论依据：将合并看作所有者权益的结合,企业合并是股权交换事项。

适用范围：在我国,权益结合法适用于同一控制下的企业合并。

特点：
(1) 既然没有新的计价基础,参与合并的企业,其净资产均按账面价值计价；
(2) 合并对价以账面价值计价；
(3) 上述两项的差额调整所有者权益,无商誉产生；
(4) 会计政策不一致时,调整一致；
(5) 无论合并发生在会计年度的哪一时点,参与合并企业的整个年度的损益要全部包括在合并后的企业中。同样,参与合并企业的整个留存利润均应转入合并后的企业。

2. 购买法

含义：认为企业合并是合并方购入被合并方净资产的一项交易，是一种购买行为，存在新的计价基础。

适用范围：在我国，非同一控制下的企业合并使用购买法进行会计处理。

购买法与权益结合法的区别：

购买法认为企业合并是合并方购入被合并方净资产的一项交易，是一种购买行为，存在新的计价基础。在购买法下，被并方净资产以公允价值入账。合并成本为购买成本，即购买方支付的合并对价的公允价值。权益结合法认为企业合并是合并各方所有者权益的结合，不存在任何一方取得参与合并的其他各方净资产或经营控制权。不存在新的计价基础。资产、负债以账面价值列示。

3. 同一控制下企业合并的账务处理

同一控制下的企业合并，一般遵循以下原则进行会计处理。

（1）合并方取得的净资产的入账价值：合并方在合并中确认取得的被合并方的资产、负债仅限于被合并方账面上原已确认的资产和负债，合并中不产生新的资产和负债；合并方在合并中取得的被合并方各项资产、负债应维持其在被合并方的原账面价值不变。同一控制下的企业合并，从最终控制方的角度来看，只是其原本控制的资产负债空间位置的转移，不应改变资产、负债的账面价值。需要注意的是，如果被合并方在合并前采用的会计政策与合并方不一致，被合并方的各项资产、负债需要根据合并方的会计政策作出调整，并以调整后的账面价值作为有关资产、负债的入账价值。

（2）合并中取得的净资产的入账价值与合并对价的账面价值之间差额的处理：合并方在合并中取得的净资产的入账价值与为进行企业合并支付的对价账面价值之间的差额，不作为资产的处置损益，不影响企业合并当期的利润表，有关差额应调整所有者权益相关项目。在根据合并差额调整所有者权益时，应首先调整资本公积（资本溢价或股本溢价），资本公积（资本溢价或股本溢价）的余额不足冲减的，应冲减留存收益。

（3）企业合并中发生的有关费用的处理：合并方为进行企业合并发生的各项直接费用，包括与企业合并直接相关的审计费用、法律咨询服务费用、进行资产评估的费用等，应于发生时作为费用计入当期损益。借记"管理费用"科目，贷记"银行存款"等科目；发行债券相关的佣金、手续费，该项费用包括在负债的初始计量中；发行权益性证券相关的佣金、手续费，该项费用应当抵减发行权益性证券的溢价收入，溢价不足冲减的，冲减盈余公积和未分配利润。

2.2 非同一控制下的企业合并

非同一控制下的企业合并,一般遵循以下原则进行会计处理。

(1) 确定企业合并成本:一次交易实现的企业合并,合并成本为购买方为取得对被购买方的控制权而付出的资产、发行或承担的负债及发行的权益性证券的公允价值。非货币性资产的公允价值根据具体会计准则的方法确定,发行或承担的负债的公允价值是依照适用的利率计算得出各项负债的未来现金流量的现值。需要指出的是,如果对价是非现金资产,则付出对价的公允价值与账面价值之间的差额作为资产处置收益计入当期损益;通过多次交易分步实现的企业合并,合并成本为每一单项交易成本之和。

(2) 合并方取得的净资产的入账价值:合并方在合并中确认取得的被合并方的资产、负债以公允价值入账。

(3) 企业合并成本与合并中取得的被购买方可辨认净资产公允价值之间差额的处理:购买方合并成本大于合并中取得的被购买方可辨认净资产公允价值份额的差额,应当确认为商誉;购买方合并成本小于合并中取得的被购买方可辨认净资产公允价值份额的差额,计入"营业外收入"科目,并在购买日当年的年度报告附注中加以披露说明。

(4) 企业合并中发生的有关费用的处理与同一控制下企业合并相同。

2.3 同一控制下企业合并案例

1. 同一控制下控股合并的判断案例

甲公司、乙公司均受 A 公司控制。合并中甲公司取得对乙公司的控制权,合并后乙公司仍保持法人资格继续经营。合并前后 A 公司作为最终控制方控制时间均在一年以上。

讨论:企业是否构成合并,并阐述合并类型。

【案例分析】

因甲公司、乙公司均受 A 公司控制,则甲公司、乙公司处于同一控制下,又因甲公司取得乙公司控制权后,即甲公司合并乙公司后,乙公司并未丧失法人地位,因此该项合并属于同一控制下的控股合并。合并后合并双方形成母子公司关系,构成一个企业集团。

2. 同一控制下吸收合并的判断案例

甲公司、乙公司均受 A 公司控制。合并中甲公司取得乙公司的净资产,乙公司宣告解散,即甲公司接受乙公司的资产,承担乙公司的负债。合并前后 A 公司作为最终控制方控制时间均在一年以上。

讨论：企业是否构成合并，并阐述合并类型。

【案例分析】

因甲公司、乙公司均受 A 公司控制，则甲公司、乙公司处于同一控制下，又因甲公司取得乙公司净资产后，即甲公司合并乙公司后，乙公司丧失法人地位，因此该项合并属于同一控制下的吸收合并。合并后合并双方只有甲公司保持法人资格继续经营，合并双方不会形成母子公司关系。

3. 新设合并的判断案例

甲公司、乙公司均受 A 公司控制。合并中甲公司及乙公司均宣告解散，成立一个新法人丙公司，双方的净资产由新成立的丙公司接收，即丙公司接受甲公司及乙公司的资产，承担甲公司及乙公司的负债。合并前后 A 公司作为最终控制方控制时间均在一年以上。

讨论：企业是否构成合并，并阐述合并类型。

【案例分析】

因甲公司、乙公司均受 A 公司控制，则甲公司、乙公司处于同一控制下，又因甲公司及乙公司均丧失法人地位，二者净资产由新设立的丙公司接收，因此该项合并属于同一控制下的新设合并。合并后合并双方均丧失法人资格，只有新设立的丙公司具备法人资格，因此合并双方不会形成母子公司关系。

2.4 非同一控制下企业合并案例

1. 非同一控制吸收合并案例

原丰速运于 1996 年 6 月在苏州成立，是一家主要经营国际、国内快递业务的企业。瑞金新材股份有限公司是主要从事包装物生产的企业，于 2000 年 8 月在浙江成立。

假设：2018 年 12 月 31 日，原丰速运支付现金 34 550 万元，同时发行面值为 10 元、市价为 20 元的普通股 5 000 万股，购买瑞金新材。瑞金新材在合并后即宣告解散。

2018 年 12 月 31 日原丰速运与瑞金新材的资产负债表如表 2-1 与表 2-2 所示。

表 2-1 资产负债表

编制单位：原丰速运有限公司　　　2018 年 12 月 31 日　　　单位：万元

资产	期末余额	期初余额	负债和所有者权益	期末余额	期初余额
流动资产			流动负债		
货币资金	60 000	50 000	短期借款	60 000	50 000
交易性金融资产	70 000	80 000	交易性金融负债		
应收账款	140 000	120 000	应付账款	110 000	120 000

续表

资产	期末余额	期初余额	负债和所有者权益	期末余额	期初余额
预付账款	100 000	120 000	应付票据	10 000	9 000
存货	180 000	170 000	预收账款	20 000	21 000
一年内到期的非流动资产			应付职工薪酬	100 000	80 000
其他流动资产			应交税费	40 000	60 000
流动资产合计	550 000	540 000	应付利息	10 000	11 000
非流动资产			应付股利		
债权投资	100 000	100 000	其他流动负债		
长期应收款	120 000	130 000	流动负债合计	350 000	360 000
长期股权投资			非流动负债		
投资性房地产			长期借款	70 000	65 000
固定资产	550 000	550 000	应付债券		
在建工程			长期应付款		
固定资产清理			预计负债		
无形资产	50 000	50 000	递延所得税负债	30 000	35 000
商誉			非流动负债合计	100 000	100 000
长期待摊费用			负债合计	450 000	450 000
其他非流动资产			股东权益		
非流动资产合计	820 000		股本	630 000	630 000
			其他权益工具		
			资本公积	70 000	70 000
			盈余公积	80 000	70 000
			未分配利润	140 000	150 000
资产合计	1 370 000		股东权益合计	920 000	920 000
			负债和股东权益合计	1 370 000	1 370 000

表 2-2 资产负债表

编制单位：瑞金新材有限公司　　　　2018 年 12 月 31 日　　　　　　　　单位：万元

资产	期末余额	期初余额	负债和所有者权益	期末余额	期初余额
流动资产			流动资产		
货币资金	2 000	2 000	短期借款	10 000	10 000
交易性金融资产			交易性金融负债		
应收账款	1 000	2 000	应付账款	20 000	30 000
预付账款	8 000	7 000	应付票据	5 000	4 000
存货	10 000	12 000	预收账款		
一年内到期的非流动资产			应付职工薪酬	10 000	9 000
其他流动资产			应交税费	5 000	3 000
流动资产合计	21 000	23 000	应付利息	5 000	4 000
非流动资产			应付股利		

续表

资产	期末余额	期初余额	负债和所有者权益	期末余额	期初余额
债权投资			其他流动负债		
长期应收款	20 000	30 000	流动负债合计	55 000	60 000
长期股权投资			非流动负债		
投资性房地产			长期借款	20 000	20 000
固定资产	129 000	127 000	应付债券		
在建工程			长期应付款		
固定资产清理			预计负债		
无形资产	50 000	50 000	递延所得税负债	3 000	4 000
商誉			其非流动负债合计	23 000	24 000
长期待摊费用			负债合计	78 000	84 000
其他非流动资产			股东权益		
非流动资产合计	199 000	207 000	股本	100 000	100 000
			其他权益工具		
			资本公积	10 000	10 000
			盈余公积	12 000	11 000
			未分配利润	20 000	25 000
资产合计	220 000	230 000	股东权益合计	142 000	146 000
			负债和股东权益合计	220 000	230 000

原丰速运与瑞金新材的各项资产和负债的公允价值如表2-3与表2-4所示。

表2-3 原丰速运有限公司资产和负债的公允价值　　　　　单位：万元

资产	期末余额	期初余额	负债和所有者权益	期末余额	期初余额
流动资产			流动资产		
货币资金	60 000	50 000	短期借款	60 000	50 000
交易性金融资产	70 000	80 000	交易性金融负债		
应收账款	130 000	110 000	应付账款	100 000	110 000
预付账款	100 000	120 000	应付票据	10 000	9 000
存货	200 000	180 000	预收账款	20 000	21 000
一年内到期的非流动资产			应付职工薪酬	100 000	80 000
其他流动资产			应交税费	40 000	60 000
非流动资产			应付利息	10 000	11 000
债权投资	100 000	100 000	其他流动负债		
长期应收款	110 000	120 000	流动负债合计	350 000	360 000
长期股权投资			非流动负债		
投资性房地产			长期借款	70 000	65 000
固定资产	400 000	450 000	应付债券		
在建工程			长期应付款		
固定资产清理			预计负债		
无形资产	50 000	50 000	递延所得税负债	30 000	35 000

续表

资产	期末余额	期初余额	负债和所有者权益	期末余额	期初余额
商誉					
长期待摊费用					
其他非流动资产					

表2-4　瑞金新材有限公司资产和负债的公允价值　　　　　　单位：万元

资产	期末余额	期初余额	负债和所有者权益	期末余额	期初余额
流动资产			流动负债		
货币资金	2 000	2 000	短期借款	10 000	10 000
交易性金融资产			交易性金融负债		
应收账款	950	1 850	应付账款	20 000	30 000
预付账款	7 600	6 000	应付票据	5 000	4 000
存货	13 000	14 000	预收账款		
一年内到期的非流动资产			应付职工薪酬	10 000	9 000
其他流动资产			应交税费	5 000	3 000
非流动资产			应付利息	5 000	4 000
债权投资			其他流动负债		
长期应收款	19 000	28 000	流动负债合计	55 000	60 000
长期股权投资			非流动负债		
投资性房地产			长期借款	20 000	20 000
固定资产	120 000	120 000	应付债券		
在建工程			长期应付款		
固定资产清理			预计负债		
无形资产	50 000	50 000	递延所得税负债	3 000	4 000
商誉					
长期待摊费用					
其他非流动资产					

要求：编制上述吸收合并的会计分录（资产负债表中的货币资金均为银行存款）。

【案例分析】

第一步：

借：长期股权投资——瑞金新材　　　　　　　　134 550

　　贷：银行存款　　　　　　　　　　　　　　34 550

　　　　股本（5 000×10）　　　　　　　　　　50 000

　　　　资本公积　　　　　　　　　　　　　　50 000

第二步：

借：银行存款　　　　　　　　　　　　　　　　2 000

　　应收账款　　　　　　　　　　　　　　　　950

预付账款	7 600
库存商品	13 000
长期应收款	19 000
固定资产	120 000
无形资产	50 000
贷：短期借款	10 000
应付账款	20 000
应付票据	5 000
应付职工薪酬	10 000
应交税费	5 000
应付利息	5 000
长期借款	20 000
递延所得税负债	3 000
长期股权投资——瑞金新材	134 550

合并分录

借：银行存款	2 000
应收账款	950
预付账款	7 600
库存商品	13 000
长期应收款	19 000
固定资产	120 000
无形资产	50 000
贷：短期借款	10 000
应付账款	20 000
应付票据	5 000
应付职工薪酬	10 000
应交税费	5 000
应付利息	5 000
长期借款	20 000
递延所得税负债	3 000
银行存款	34 550
股本	50 000
资本公积	50 000

2．新设合并案例

玫瑰酒业是著名白酒品牌,从事玫瑰白酒系列产品的生产与销售,包括饮料、食品、包装材料的生产与销售,防伪技术开发,信息产业相关产品的研制。海岛酒业是从事保健酒的生产,粮食、药酒、含酒精饮料、啤酒的生产和开发的企业。两家公司分属不同的企业集团。

2018 年 12 月 31 日,玫瑰酒业与海岛酒业均宣告解散,新成立一家公司——康宁酒业,以接受解散的两家公司。新成立的康宁酒业发行 320 000 股面值为 5 元,市价为 8 元的普通股,进行合并。

2018 年 12 月 31 日玫瑰酒业与海岛酒业的资产负债表如表 2-5 和表 2-6 所示。

表 2-5　资产负债表

编制单位：玫瑰酒业　　　　　　2018 年 12 月 31 日　　　　　　单位：万元

资产	期末余额	期初余额	负债和所有者权益	期末余额	期初余额
流动资产			流动负债		
货币资金	2 260 700	1 787 300	短期借款	296 700	270 100
交易性金融资产			交易性金融负债		
应收账款			应付账款	23 600	19 800
预付账款	23 600	15 800	应付票据		
存货	470 100	441 100	预收账款	271 500	288 600
一年内到期的非流动资产			应付职工薪酬	40 700	38 000
其他流动资产	2 800	800	应交税费	215 400	154 500
流动资产合计	2 757 200	2 245 000	应付利息	900	500
非流动资产			应付股利		
债权投资			其他流动负债		
长期应收款			流动负债合计	848 800	771 500
长期股权投资			非流动负债		
投资性房地产			长期借款		300
固定资产	369 700	378 000	应付债券		
在建工程			长期应付款		
固定资产清理			预计负债		
无形资产	70 000	69 200	递延所得税负债		
商誉			非流动负债合计		300
长期待摊费用			负债合计	848 800	771 800
其他非流动资产			股东权益		
非流动资产合计	439 700	447 200	股本	132 200	128 400
			其他权益工具		
			资本公积	27 500	27 500
			盈余公积	268 900	164 300
			未分配利润	1 919 600	1 600 200
			股东权益合计	2 348 200	1 920 400
资产合计	3 196 900	2 692 200	负债和股东权益合计	3 196 900	2 692 200

表 2-6 资产负债表

编制单位：海岛酒业 2018 年 12 月 31 日 单位：万元

资　产	期末余额	期初余额	负债和所有者权益	期末余额	期初余额
流动资产			流动负债		
货币资金	700	178 700	短期借款	600	27 000
交易性金融资产			交易性金融负债		
应收账款	100		应付账款	200	2 000
预付账款	100	1 600	应付票据		
存货	800	44 100	预收账款	200	28 900
一年内到期的非流动资产			应付职工薪酬		3 800
其他流动资产	100	100	应交税费	100	15 500
流动资产合计	1 800	224 500	应付利息		
非流动资产			应付股利		
债权投资			其他流动负债		
长期应收款			流动负债合计	1 100	77 200
长期股权投资	500		非流动负债		
投资性房地产			长期借款	200	
固定资产	500	37 800	应付债券		
在建工程			长期应付款		
固定资产清理			预计负债		
无形资产	100	6 900	递延所得税负债		
商誉			非流动负债合计	200	
长期待摊费用			负债合计	1 300	77 200
其他非流动资产			股东权益		
非流动资产合计	1 100	44 700	股本	800	12 900
			其他权益工具		
			资本公积	300	2 700
			盈余公积	300	16 400
			未分配利润	200	160 000
			股东权益合计	1 600	192 000
资产合计	2 900	269 200	负债和股东权益合计	2 900	269 200

玫瑰酒业与海岛酒业的各项资产和负债的公允价值如表 2-7 与表 2-8 所示。

表 2-7 玫瑰酒业资产和负债的公允价值 单位：万元

资　产	期末余额	期初余额	负债和所有者权益	期末余额	期初余额
流动资产			流动负债		
货币资金	2 260 700	1 787 300	短期借款	296 700	270 100
交易性金融资产			交易性金融负债		
应收账款			应付账款	23 600	19 800
预付账款	23 600	15 800	应付票据		
存货	700 000	441 100	预收账款	271 500	288 600

续表

资产	期末余额	期初余额	负债和所有者权益	期末余额	期初余额
一年内到期的非流动资产			应付职工薪酬	40 700	38 000
其他流动资产	2 800	800	应交税费	215 400	154 500
非流动资产			应付利息	900	500
债权投资			应付股利		
长期应收款			其他流动负债		
长期股权投资					
投资性房地产			非流动负债		
固定资产	350 000	378 000	长期借款		300
在建工程			应付债券		
固定资产清理			长期应付款		
无形资产	70 000	69 200	预计负债		
商誉			递延所得税负债		
长期待摊费用					
其他非流动资产					

表 2-8 海岛酒业资产和负债的公允价值   单位：万元

资产	期末余额	期初余额	负债和所有者权益	期末余额	期初余额
流动资产			流动负债		
货币资金	700	178 700	短期借款	600	27 000
交易性金融资产			交易性金融负债		
应收账款	100		应付账款	200	2 000
预付账款	100	1 600	应付票据		
存货	800	30 100	预收账款	200	28 900
一年内到期的非流动资产			应付职工薪酬		3 800
其他流动资产	100	100	应交税费	100	15 500
非流动资产			应付利息		
债权投资			应付股利		
长期应收款			其他流动负债		
长期股权投资	500				
投资性房地产			非流动负债		
固定资产	500	37 800	长期借款	200	
在建工程			应付债券		
固定资产清理			长期应付款		
无形资产	200	6 900	预计负债		
商誉			递延所得税负债		
长期待摊费用					
其他非流动资产					

要求：编制上述新设合并的会计分录。

【案例分析】

第一步：

借：长期股权投资		2 560 000
贷：股本(320 000×5)		1 600 000
资本公积		960 000

第二步：

借：货币资金	2 261 400
应收账款	100
预付账款	23 700
存货	700 800
其他流动资产	2 900
长期股权投资	500
固定资产	350 500
无形资产	70 200
贷：短期借款	297 300
应付账款	23 800
预收账款	271 700
应付职工薪酬	40 700
应交税费	215 500
应付利息	900
长期借款	200
长期股权投资	2 560 000

合并分录

借：货币资金	2 261 400
应收账款	100
预付账款	23 700
存货	700 800
其他流动资产	2 900
长期股权投资	500
固定资产	350 500
无形资产	70 200
贷：短期借款	297 300
应付账款	23 800
预收账款	271 700

应付职工薪酬	40 700
应交税费	215 500
应付利息	900
长期借款	200
股本(320 000×5)	1 600 000
资本公积	960 000

3．非同一控制控股合并案例

海浪公司是一家高科技软件公司,从事通信及计算机软硬件技术开发、生产和销售,通信及计算机网络工程技术咨询业务。定点软件公司从事电子计算机软件开发、销售、电子计算机批发和零售、计算机网络工程的设计及安装服务、电子计算机技术服务、技术咨询等业务。

2016年6月28日,海浪公司支付现金150 000元,同时发行面值为10元、市价为20元的普通股50 000股,来取得定点软件公司的控制权。定点软件在合并后作为海浪公司的子公司,合并前后定点软件公司和海浪公司未受同一方或相同多方最终控制。

要求：编制上述控股合并母公司的会计分录。

【案例分析】

借：长期股权投资——定点软件	1 150 000
贷：银行存款	150 000
股本[50 000×10]	500 000
资本公积[50 000×(20－10)]	500 000

2.5 实 训 活 动

活动要求

1．掌握企业合并的含义。
2．理解企业合并的不同种类。
3．掌握同一控制下企业吸收、控股合并业务处理。
4．掌握非同一控制下企业吸收、控股合并业务处理。

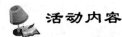

活动内容

实训一：同一控制下吸收合并会计处理

实训1

甲公司和乙公司均为A公司的全资子公司,2018年1月1日,甲公司支付银行存款

4 000 000 元对乙公司进行吸收合并,另外,以银行存款支付合并直接相关费用 20 000 元。合并后甲公司保持法人资格,乙公司宣告解散。假定甲公司与乙公司在合并前采用的会计政策相同。合并日前甲、乙公司的资产负债表及相关公允价值如表 2-9 与表 2-10 所示。

表 2-9 甲公司资产负债表及公允价值 单位:元

项　　目	账面价值	公允价值	项　　目	账面价值	公允价值
货币资金	10 000 000	10 000 000	短期借款	4 500 000	4 500 000
应收账款(净值)	8 000 000	8 000 000	应付票据	9 000 000	9 000 000
存货	8 000 000	10 000 000	长期借款	7 000 000	7 000 000
长期股权投资	2 600 000	2 600 000	股本	20 000 000	
固定资产(净值)	20 000 000	27 000 000	资本公积	2 000 000	
无形资产(净值)	900 000	1 000 000	盈余公积	2 000 000	
			未分配利润	5 000 000	
资产合计	49 500 000	58 600 000	负债及股东权益合计	49 500 000	

表 2-10 乙公司资产负债表及公允价值 单位:元

项　　目	账面价值	公允价值	项　　目	账面价值	公允价值
货币资金	2 000 000	2 000 000	短期借款	2 000 000	2 000 000
应收账款(净值)	5 000 000	5 000 000	应付票据	4 000 000	4 000 000
存货	4 500 000	4 800 000	长期借款	4 000 000	4 000 000
长期股权投资	1 000 000	1 000 000	股本	6 000 000	
固定资产(净值)	7 000 000	7 500 000	资本公积	1 000 000	
无形资产(净值)	500 000	500 000	盈余公积	2 000 000	
			未分配利润	1 000 000	
资产合计	20 000 000	20 800 000	负债及股东权益合计	20 000 000	

假设甲公司资本公积均为资本溢价,货币资金由库存现金 30 000 元及银行存款 9 970 000 元构成。

假设乙公司货币资金由库存现金 2 000 元及银行存款 1 998 000 元组成。

活动评价

【答案】

根据题意,甲公司、乙公司均为 A 公司的子公司,因此二者的合并为同一控制下的企业合并,又因合并后乙公司丧失法人资格,所以此项合并为同一控制下的吸收合并,在进行会计处理时,无论是甲公司支付的合并对价,还是并入的乙公司的净资产,均以账面价值为核算基础,二者的差额计入资本公积。因为同一控制下的企业合并,适用于权益结合法,需视同合并双方在合并前后均为一个整体,因此在第二步,需要将被合并方合并日前的留存收益自资本公积中还原。

合并前甲公司对乙公司进行投资,其会计处理为

借：长期股权投资　　　　　　　　　　　　　10 000 000
　　贷：银行存款　　　　　　　　　　　　　　4 000 000
　　　　资本公积　　　　　　　　　　　　　　6 000 000

合并直接相关费用会计处理为

借：管理费用　　　　　　　　　　　　　　　　　20 000
　　贷：银行存款　　　　　　　　　　　　　　　　20 000

合并后，乙公司丧失法人资格，甲公司接收乙公司净资产，会计处理为

借：库存现金　　　　　　　　　　　　　　　　　 2 000
　　银行存款　　　　　　　　　　　　　　　　1 998 000
　　应收账款（净值）　　　　　　　　　　　　5 000 000
　　存货　　　　　　　　　　　　　　　　　　4 500 000
　　长期股权投资　　　　　　　　　　　　　　1 000 000
　　固定资产（净值）　　　　　　　　　　　　7 000 000
　　无形资产（净值）　　　　　　　　　　　　　500 000
　　贷：短期借款　　　　　　　　　　　　　　2 000 000
　　　　应付票据　　　　　　　　　　　　　　4 000 000
　　　　长期借款　　　　　　　　　　　　　　4 000 000
　　　　长期股权投资　　　　　　　　　　　 10 000 000

以上两笔分录可以合为一笔：

借：库存现金　　　　　　　　　　　　　　　　　 2 000
　　银行存款　　　　　　　　　　　　　　　　1 998 000
　　应收账款（净值）　　　　　　　　　　　　5 000 000
　　存货　　　　　　　　　　　　　　　　　　4 500 000
　　长期股权投资　　　　　　　　　　　　　　1 000 000
　　固定资产（净值）　　　　　　　　　　　　7 000 000
　　无形资产（净值）　　　　　　　　　　　　　500 000
　　贷：短期借款　　　　　　　　　　　　　　2 000 000
　　　　应付票据　　　　　　　　　　　　　　4 000 000
　　　　长期借款　　　　　　　　　　　　　　4 000 000
　　　　银行存款　　　　　　　　　　　　　　4 000 000
　　　　资本公积　　　　　　　　　　　　　　6 000 000

将被并方乙公司合并前的留存收益自资本公积中恢复，会计处理为

借：资本公积　　　　　　　　　　　　　　　　3 000 000
　　贷：盈余公积　　　　　　　　　　　　　　2 000 000
　　　　未分配利润　　　　　　　　　　　　　1 000 000

实训 2

若甲公司支付银行存款 9 000 000 元对乙公司进行吸收合并,另外,以银行存款支付合并直接相关费用 20 000 元。

 活动评价

【答案】

借:库存现金	2 000
银行存款	1 998 000
应收账款(净值)	5 000 000
存货	4 500 000
长期股权投资	1 000 000
固定资产(净值)	7 000 000
无形资产(净值)	500 000
贷:短期借款	2 000 000
应付票据	4 000 000
长期借款	4 000 000
银行存款	9 000 000
资本公积	1 000 000
借:管理费用	20 000
贷:银行存款	20 000

此笔合并分录借贷方差额记为资本公积 1 000 000 元,合并方甲公司原有资本公积 2 000 000 元,以两者合计数为限,将被并方乙公司合并前的留存收益自资本公积中恢复,会计处理为

借:资本公积	3 000 000
贷:盈余公积	2 000 000
未分配利润	1 000 000

实训 3

如上题甲公司、乙公司的资产负债表资料,若甲公司为吸收合并乙公司,转移一项固定资产,该项固定资产原值 5 500 000 元,已计提折旧 1 500 000 元。另外,以银行存款支付合并直接相关费用 20 000 元。

 活动评价

【答案】

甲公司将该项固定资产账面价值转入固定资产清理账户:

借:固定资产清理	4 000 000

累计折旧	1 500 000	
贷：固定资产		5 500 000

合并前甲公司对乙公司进行投资，其会计处理为

借：长期股权投资	10 000 000	
贷：固定资产清理		4 000 000
资本公积		6 000 000

合并直接相关费用会计处理为

借：管理费用	20 000	
贷：银行存款		20 000

合并后，乙公司丧失法人资格，甲公司接收乙公司净资产，会计处理为

借：库存现金	2 000	
银行存款	1 998 000	
应收账款（净值）	5 000 000	
存货	4 500 000	
长期股权投资	1 000 000	
固定资产（净值）	7 000 000	
无形资产（净值）	500 000	
贷：短期借款		2 000 000
应付票据		4 000 000
长期借款		4 000 000
长期股权投资		10 000 000

进行投资、合并的两笔分录可以合为一笔：

借：库存现金	2 000	
银行存款	1 998 000	
应收账款（净值）	5 000 000	
存货	4 500 000	
长期股权投资	1 000 000	
固定资产（净值）	7 000 000	
无形资产（净值）	500 000	
贷：短期借款		2 000 000
应付票据		4 000 000
长期借款		4 000 000
银行存款		4 000 000
资本公积		6 000 000

将被并方乙公司合并前的留存收益自资本公积中恢复，会计处理为

借：资本公积 3 000 000
　　贷：盈余公积 2 000 000
　　　　未分配利润 1 000 000

实训 4

如上题甲公司、乙公司的资产负债表资料，若甲公司采用发行债券的方式吸收合并乙公司，债券面值 3 500 000 元，溢价 500 000 元。另外，以银行存款支付合并直接相关费用 20 000 元以及发行债券的佣金及手续费 10 000 元。

为吸收合并乙公司，甲公司发行债券，其会计处理：

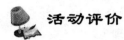 活动评价

【答案】

借：长期股权投资 10 000 000
　　贷：应付债券——面值 3 500 000
　　　　应付债券——利息调整 500 000
　　　　资本公积 6 000 000

合并直接相关费用会计处理为

借：管理费用 20 000
　　贷：银行存款 20 000

债券发行费用会计处理为

借：应付债券——利息调整 10 000
　　贷：银行存款 10 000

合并后，乙公司丧失法人资格，甲公司接收乙公司净资产，继续存续，其会计处理为

借：库存现金 2 000
　　银行存款 1 998 000
　　应收账款（净值） 5 000 000
　　存货 4 500 000
　　长期股权投资 1 000 000
　　固定资产（净值） 7 000 000
　　无形资产（净值） 500 000
　　贷：短期借款 2 000 000
　　　　应付票据 4 000 000
　　　　长期借款 4 000 000
　　　　长期股权投资 10 000 000

以上分录可以合为一笔（不含对合并直接相关费用的会计处理）：

借：库存现金 2 000
　　银行存款 1 998 000
　　应收账款（净值） 5 000 000
　　存货 4 500 000
　　长期股权投资 1 000 000
　　固定资产（净值） 7 000 000
　　无形资产（净值） 500 000
　　贷：短期借款 2 000 000
　　　　应付票据 4 000 000
　　　　长期借款 4 000 000
　　　　应付债券——面值 3 500 000
　　　　　　　　——利息调整 490 000
　　　　银行存款 10 000
　　　　资本公积 6 000 000

将被并方乙公司合并前的留存收益自资本公积中恢复，会计处理为

借：资本公积 3 000 000
　　贷：盈余公积 2 000 000
　　　　未分配利润 1 000 000

实训 5

若甲公司采用发行债券的方式吸收合并乙公司，债券面值 8 000 000 元，溢价 1 000 000 元。另外，以银行存款支付合并直接相关费用 20 000 元以及发行债券的佣金及手续费 10 000 元。

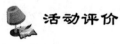
活动评价

【答案】

借：库存现金 2 000
　　银行存款 1 998 000
　　应收账款（净值） 5 000 000
　　存货 4 500 000
　　长期股权投资 1 000 000
　　固定资产（净值） 7 000 000
　　无形资产（净值） 500 000
　　贷：短期借款 2 000 000
　　　　应付票据 4 000 000
　　　　长期借款 4 000 000

应付债券——面值		8 000 000
——利息调整		990 000
银行存款		10 000
资本公积		1 000 000
借：管理费用		20 000
贷：银行存款		20 000

此处资本公积1 000 000元，与甲公司原有资本公积合计为3 000 000元，以此为限，将被并方乙公司合并前的留存收益予以恢复，会计处理为

借：资本公积	3 000 000
贷：盈余公积	2 000 000
未分配利润	1 000 000

实训6

如上题甲公司、乙公司的资产负债表资料，若甲公司为吸收合并乙公司，定向增发普通股股票4 000 000股，每股面值1元。另外，为进行此次合并，甲公司以银行存款支付合并直接相关费用20 000元以及发行股票的佣金及手续费20 000元。

活动评价

【答案】

为吸收合并乙公司，甲公司定向增发普通股股票，其会计处理为

借：长期股权投资	10 000 000
贷：股本	4 000 000
资本公积	6 000 000

合并直接相关费用会计处理为

借：管理费用	20 000
贷：银行存款	20 000

股票发行费用会计处理为

借：资本公积	20 000
贷：银行存款	20 000

合并后，乙公司丧失法人资格，甲公司接收乙公司净资产，继续存续，其会计处理为

借：库存现金	2 000
银行存款	1 998 000
应收账款（净值）	5 000 000
存货	4 500 000
长期股权投资	1 000 000
固定资产（净值）	7 000 000

无形资产(净值)	500 000
贷：短期借款	2 000 000
应付票据	4 000 000
长期借款	4 000 000
长期股权投资	10 000 000

以上分录可以合为一笔(不含对合并直接相关费用的会计处理)：

借：库存现金	2 000
银行存款	1 998 000
应收账款(净值)	5 000 000
存货	4 500 000
长期股权投资	1 000 000
固定资产(净值)	7 000 000
无形资产(净值)	500 000
贷：短期借款	2 000 000
应付票据	4 000 000
长期借款	4 000 000
股本	4 000 000
资本公积	5 980 000
银行存款	20 000

将被并方乙公司合并前的留存收益自资本公积中恢复,会计处理为

借：资本公积	3 000 000
贷：盈余公积	2 000 000
未分配利润	1 000 000

实训 7

若甲公司为吸收合并乙公司,定向增发普通股股票 7 000 000 股,每股面值 1 元,并以银行存款支付合并直接相关费用 20 000 元以及发行股票的佣金及手续费 20 000 元。

 活动评价

【答案】

借：库存现金	2 000
银行存款	1 998 000
应收账款(净值)	5 000 000
存货	4 500 000
长期股权投资	1 000 000
固定资产(净值)	7 000 000

无形资产(净值) 500 000
　　　贷：短期借款 2 000 000
　　　　　应付票据 4 000 000
　　　　　长期借款 4 000 000
　　　　　股本 7 000 000
　　　　　资本公积 2 980 000
　　　　　银行存款 20 000
对合并产生的直接相关费用的会计处理为
　　借：管理费用 20 000
　　　贷：银行存款 20 000
将被并方乙公司合并前的留存收益自资本公积中恢复，会计处理为
　　借：资本公积 3 000 000
　　　贷：盈余公积 2 000 000
　　　　　未分配利润 1 000 000

实训8

若甲公司为吸收合并乙公司，定向增发普通股股票9 000 000股，每股面值1元，并以银行存款支付合并直接相关费用20 000元以及发行股票的佣金及手续费20 000元。

 活动评价

【答案】
　　借：库存现金 2 000
　　　　银行存款 1 998 000
　　　　应收账款(净值) 5 000 000
　　　　存货 4 500 000
　　　　长期股权投资 1 000 000
　　　　固定资产(净值) 7 000 000
　　　　无形资产(净值) 500 000
　　　贷：短期借款 2 000 000
　　　　　应付票据 4 000 000
　　　　　长期借款 4 000 000
　　　　　股本 9 000 000
　　　　　资本公积 980 000
　　　　　银行存款 20 000
对合并产生的直接相关费用的会计处理为
　　借：管理费用 20 000

贷：银行存款　　　　　　　　　　　　　　　　　　　　20 000

　　此处资本公积 980 000 元,甲公司原有资本公积为 2 000 000 元,两者共计 2 980 000 元,不足以将乙公司合并前的留存收益 3 000 000 元全部恢复,则差额 20 000 元抵减乙公司的留存收益:

　　借：资本公积　　　　　　　　　　　　　　　　　　　2 980 000
　　　贷：盈余公积　　　　　　　　　　　　　　　　　　　2 000 000
　　　　　未分配利润　　　　　　　　　　　　　　　　　　　980 000

　　实训 9：合并支付方式为混合支付方式

　　所谓混合支付方式,即在进行吸收合并时采用以上所述支付方式中的两种或两种以上。

　　如上题甲公司、乙公司的资产负债表资料,若甲公司为吸收合并乙公司,以一批库存商品、一项无形资产(假设该无形资产使用寿命不确定)以及银行存款作为对价。其中,转移的库存商品账面价值 1 000 000 元,公允价值 1 200 000 元,无形资产账面价值 2 000 000 元,公允价值 2 300 000 元,银行存款支付 1 000 000 元。另外,为进行此次合并,甲公司以银行存款支付合并直接相关费用 20 000 元。

 活动评价

【答案】

　　该合并为同一控制下的吸收合并,因此作为合并对价的库存商品以及无形资产均以账面价值计量。

　　合并前甲公司确认对乙公司的投资,其会计处理为

　　借：长期股权投资　　　　　　　　　　　　　　　　　10 000 000
　　　贷：库存商品　　　　　　　　　　　　　　　　　　　1 000 000
　　　　　无形资产　　　　　　　　　　　　　　　　　　　2 000 000
　　　　　银行存款　　　　　　　　　　　　　　　　　　　1 000 000
　　　　　资本公积　　　　　　　　　　　　　　　　　　　6 000 000

　　合并直接相关费用会计处理为

　　借：管理费用　　　　　　　　　　　　　　　　　　　　　20 000
　　　贷：银行存款　　　　　　　　　　　　　　　　　　　　20 000

　　合并后,乙公司丧失法人资格,甲公司接收乙公司净资产,会计处理为

　　借：库存现金　　　　　　　　　　　　　　　　　　　　　2 000
　　　　银行存款　　　　　　　　　　　　　　　　　　　　1 998 000
　　　　应收账款(净值)　　　　　　　　　　　　　　　　　5 000 000
　　　　存货　　　　　　　　　　　　　　　　　　　　　　4 500 000
　　　　长期股权投资　　　　　　　　　　　　　　　　　　1 000 000
　　　　固定资产(净值)　　　　　　　　　　　　　　　　　7 000 000

无形资产（净值）	500 000
贷：短期借款	2 000 000
应付票据	4 000 000
长期借款	4 000 000
长期股权投资	10 000 000

以上两笔分录可以合为一笔：

借：库存现金	2 000
银行存款	1 998 000
应收账款（净值）	5 000 000
存货	4 500 000
长期股权投资	1 000 000
固定资产（净值）	7 000 000
无形资产（净值）	500 000
贷：短期借款	2 000 000
应付票据	4 000 000
长期借款	4 000 000
库存商品	1 000 000
无形资产	2 000 000
银行存款	1 000 000
资本公积	6 000 000

将被并方乙公司合并前的留存收益自资本公积中恢复，会计处理为

借：资本公积	3 000 000
贷：盈余公积	2 000 000
未分配利润	1 000 000

实训二：同一控制下新设合并会计处理

　　如上题甲公司与乙公司的资产负债表资料，若甲公司与乙公司合并后两者均丧失法人资格，解散消失，丙公司成立，接收甲公司与乙公司的净资产，假设合并前甲企业与乙企业采用的会计政策相同。

　　若为进行此项新设合并，丙公司发行 28 000 000 股普通股股票，每股面值 1 元。并以银行存款支付发行股票的佣金及手续费 100 000 元以及合并直接相关费用 80 000 元。

 活动评价

【答案】

丙公司的会计处理为

借：库存现金 32 000
　　银行存款 11 968 000
　　应收账款（净值） 13 000 000
　　存货 12 500 000
　　长期股权投资 3 600 000
　　固定资产（净值） 27 000 000
　　无形资产（净值） 1 400 000
　　贷：短期借款 6 500 000
　　　　应付票据 13 000 000
　　　　长期借款 11 000 000
　　　　股本 28 000 000
　　　　资本公积 11 000 000
借：管理费用 80 000
　　贷：银行存款 80 000
借：资本公积 100 000
　　贷：银行存款 100 000

将被并两方甲公司和乙公司合并前的留存收益自资本公积中恢复，会计处理为

借：资本公积 10 000 000
　　贷：盈余公积 4 000 000
　　　　未分配利润 6 000 000

实训三：非同一控制下企业合并会计处理

实训1：吸收合并

长城公司经过多年的内生外延式发展，成为拥有10多家子公司，市值超过30亿的集团化公司，并形成了物联网产业、OTT、创新型互联网金融三大核心业务体系，搭建起依托大数据和物联网的平台。

2018年12月31日，长城公司支付现金40 000万元，同时发行面值为10元、市价为20元的普通股4 000万股，购买城堡公司。城堡公司在合并后即宣告解散。

2018年12月31日长城公司与城堡公司的资产负债表如表2-11与表2-12所示。

表2-11　资产负债表

编制单位：长城公司　　　　2018年12月31日　　　　　　　　　　　单位：万元

资产	期末余额	期初余额	负债和所有者权益	期末余额	期初余额
流动资产			流动负债		
货币资金	1 487 100	1 486 400	短期借款	2 075 700	648 700
交易性金融资产			交易性金融负债		

续表

资产	期末余额	期初余额	负债和所有者权益	期末余额	期初余额
应收账款		350 600	应付账款	335 600	702 900
预付账款	44 300	33 400	应付票据		504 200
存货	592 900	588 900	预收账款		348 200
一年内到期的非流动资产			应付职工薪酬	115 800	105 000
其他流动资产	1 529 500	936 900	应交税费	77 500	70 900
流动资产合计	3 653 800	3 396 200	应付利息		1 900
非流动资产			应付股利		
债权投资			其他流动负债		
长期应收款	700	7 200	流动负债合计	2 604 600	2 381 800
长期股权投资	54 300	52 700	非流动负债		
投资性房地产			长期借款	731 900	837 300
固定资产	1 241 500	1 202 700	应付债券		
在建工程			长期应付款		5 000
固定资产清理			预计负债		
无形资产	323 700	303 300	递延所得税负债	88 400	79 500
商誉			非流动负债合计	820 300	921 800
长期待摊费用			负债合计	3 424 900	3 303 600
其他非流动资产			股东权益		
非流动资产合计	1 620 200	1 565 900	股本	203 300	310 200
			其他权益工具		
			资本公积	369 000	318 200
			盈余公积	101 600	77 600
			未分配利润	1 175 200	952 500
			股东权益合计	1 849 100	1 658 500
资产合计	5 274 000	4 962 100	负债和股东权益合计	5 274 000	4 962 100

表 2-12 资产负债表

编制单位：城堡公司　　　　　　2018 年 12 月 31 日　　　　　　单位：万元

资产	期末余额	期初余额	负债和所有者权益	期末余额	期初余额
流动资产			流动资产		
货币资金	2 000	2 000	短期借款	10 000	10 000
交易性金融资产			交易性金融负债		
应收账款	9 000	8 000	应付账款	30 000	30 000
预付账款			应付票据	5 000	4 000
存货	10 000	13 000	预收账款		
一年内到期的非流动资产			应付职工薪酬	10 000	9 000
其他流动资产			应交税费	5 000	3 000
流动资产合计	21 000	23 000	应付利息	5000	4 000

续表

资　产	期末余额	期初余额	负债和所有者权益	期末余额	期初余额
非流动资产			应付股利		
债权投资			其他流动负债		
长期应收款	19 000	32 000	流动负债合计	65 000	60 000
长期股权投资			非流动负债		
投资性房地产			长期借款	20 000	20 000
固定资产	130 000	127 000	应付债券		
在建工程			长期应付款		
固定资产清理			预计负债		
无形资产	60 000	48 000	递延所得税负债	3 000	4 000
商誉			其非流动负债合计	23 000	24 000
长期待摊费用			负债合计	78 000	84 000
其他非流动资产			股东权益		
非流动资产合计	209 000	207 000	股本	100 000	100 000
			其他权益工具		
			资本公积	10 000	10 000
			盈余公积	12 000	11 000
			未分配利润	20 000	25 000
			股东权益合计	142 000	146 000
资产合计	230 000	230 000	负债和股东权益合计	220 000	230 000

长城公司与城堡公司的各项资产和负债的公允价值如表 2-13 与表 2-14 所示。

表 2-13　长城公司资产和负债的公允价值　　　　　　　单位：万元

资　产	期末余额	期初余额	负债和所有者权益	期末余额	期初余额
流动资产			流动负债		
货币资金	1 487 100	1 486 400	短期借款	2 075 700	648 700
交易性金融资产			交易性金融负债		
应收账款		350 600	应付账款	335 600	702 900
预付账款	44 300	33 400	应付票据		504 200
存货	500 000	580 000	预收账款		348 200
一年内到期的非流动资产			应付职工薪酬	115 800	105 000
其他流动资产	1 500 000	936 900	应交税费	77 500	70 900
非流动资产			应付利息		1 900
债权投资			应付股利		
长期应收款	700	7 200	其他流动负债		
长期股权投资	54 300	52 700	非流动负债		
投资性房地产			长期借款	731 900	837 300
固定资产	1 200 000	1 202 700	应付债券		
在建工程			长期应付款		5 000
固定资产清理			预计负债		
无形资产	300 000	303 300	递延所得税负债	88 400	79 500

表 2-14 城堡公司资产和负债的公允价值　　　　　　　单位：万元

资产	期末余额	期初余额	负债和所有者权益	期末余额	期初余额
流动资产			流动资产		
货币资金	2 000	2 000	短期借款	10 000	10 000
交易性金融资产			交易性金融负债		
应收账款	8 800	8 000	应付账款	30 000	30 000
预付账款			应付票据	5 000	4 000
存货	10 000	13 000	预收账款		
一年内到期的非流动资产			应付职工薪酬	10 000	9 000
其他流动资产			应交税费	5 000	3 000
流动资产合计	21 000	23 000	应付利息	5 000	4 000
非流动资产			应付股利		
债权投资			其他流动负债		
长期应收款	18 000	32 000	非流动负债		
长期股权投资			长期借款	20 000	20 000
投资性房地产			应付债券		
固定资产	120 000	127 000	长期应付款		
在建工程			预计负债		
固定资产清理			递延所得税负债	3 000	4 000
无形资产	60 000	48 000			
商誉					
长期待摊费用					
其他非流动资产					

要求：编制上述吸收合并的会计分录。

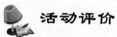

活动评价

【答案】

第一步：

借：长期股权投资——城堡公司　　　　　　　　　120 000

　　贷：银行存款　　　　　　　　　　　　　　　　　40 000

　　　　股本（4 000×10）　　　　　　　　　　　　　40 000

　　　　资本公积　　　　　　　　　　　　　　　　　40 000

第二步：

借：银行存款　　　　　　　　　　　　　　　　　　2 000

　　应收账款　　　　　　　　　　　　　　　　　　　8 800

　　库存商品　　　　　　　　　　　　　　　　　　10 000

　　长期应收款　　　　　　　　　　　　　　　　　18 000

	固定资产	120 000
	无形资产	60 000
	贷：短期借款	10 000
	应付账款	30 000
	应付票据	5 000
	应付职工薪酬	10 000
	应交税费	5 000
	应付利息	5 000
	长期借款	20 000
	递延所得税负债	3 000
	长期股权投资——城堡公司	120 000
	营业外收入	10 800

合并分录

借：银行存款		2 000
	应收账款	8 800
	库存商品	10 000
	长期应收款	18 000
	固定资产	120 000
	无形资产	60 000
	贷：短期借款	10 000
	应付账款	30 000
	应付票据	5 000
	应付职工薪酬	10 000
	应交税费	5 000
	应付利息	5 000
	长期借款	20 000
	递延所得税负债	3 000
	银行存款	40 000
	股本	40 000
	资本公积	40 000
	营业外收入	10 800

实训 2：新设合并

隆洪制造是国内著名白色家电制造企业，从事家用电器、汽车电器、电子产品及零配件、通信设备、计算机及其他电子设备、电器机械及器材的生产。东升电子是提供电子产品设计制造服务，设计、生产、加工新型电子元器件，并提供相关的技术咨询服务的企业。

2018 年 6 月 30 日，隆洪制造与东升电子均宣告解散，新成立一家公司隆升电子以接受解散的两家公司。新成立的隆升电子发行 5 000 股面值为 5 元,市价为 10 元的普通股,进行合并。

2018 年 12 月 31 日隆洪制造与东升电子的资产负债表如表 2-15 与表 2-16 所示。

表 2-15 资产负债表

编制单位:隆洪制造　　　　　　　　　2018 年 12 月 31 日　　　　　　　　　单位:万元

资　产	期末余额	期初余额	负债和所有者权益	期末余额	期初余额
流动资产			流动负债		
货币资金	47 100	42 100	短期借款	40 000	34 900
交易性金融资产	500	200	交易性金融负债	300	300
应收账款	16 900	16 100	应付账款	18 600	20 700
预付账款	4 200	3 400	应付票据	29 700	21 600
存货	32 200	34 800	预收账款	4 900	3 600
一年内到期的非流动资产		100	应付职工薪酬	1 100	1 000
其他流动资产			应交税费	900	900
流动资产合计	100 900	96 600	应付利息	200	100
非流动资产			应付股利		
债权投资			其他流动负债		
长期应收款	8 700	6 600	流动负债合计	95 700	83 100
长期股权投资	5 300	5 700	非流动负债		
投资性房地产			长期借款	4 400	5 700
固定资产	19 800	14 800	应付债券		
在建工程			长期应付款		200
固定资产清理			预计负债		
无形资产	8 300	7 100	递延所得税负债	100	100
商誉			非流动负债合计	4 500	6 000
长期待摊费用			负债合计	100 200	89 100
其他非流动资产			股东权益		
非流动资产合计	42 100	34 200	股本	26 000	25 200
			其他权益工具		
			资本公积	7 300	7 900
			盈余公积	200	200
			未分配利润	9 300	8 400
			股东权益合计	42 800	41 700
资产合计	143 000	130 800	负债和股东权益合计	143 000	130 800

表 2-16 资产负债表

编制单位:东升电子　　　　　　　　　2018 年 12 月 31 日　　　　　　　　　单位:万元

资　产	期末余额	期初余额	负债和所有者权益	期末余额	期初余额
流动资产			流动负债		
货币资金	9 600	10 400	短期借款	3 700	2 500

续表

资产	期末余额	期初余额	负债和所有者权益	期末余额	期初余额
交易性金融资产	900	1 400	交易性金融负债		
应收账款	15 200	11 700	应付账款	16 200	13 300
预付账款			应付票据		
存货	10 100	7 000	预收账款		200
一年内到期的非流动资产			应付职工薪酬	1 000	900
其他流动资产			应交税费	300	300
流动资产合计	35 800	30 500	应付利息		
非流动资产			应付股利		
债权投资			其他流动负债		
长期应收款			流动负债合计	21 200	17 200
长期股权投资			非流动负债		
投资性房地产			长期借款	300	300
固定资产	4 400	4 100	应付债券		
在建工程			长期应付款		
固定资产清理			预计负债		
无形资产	100	100	递延所得税负债		
商誉			非流动负债合计	300	300
长期待摊费用			负债合计	21 500	17 500
其他非流动资产			股东权益		
非流动资产合计	4 500	4 200	股本	4 300	4 200
			其他权益工具		
			资本公积	3 300	3 300
			盈余公积	700	700
			未分配利润	10 500	9 000
			股东权益合计	18 800	17 200
资产合计	40 300	34 700	负债和股东权益合计	40 300	34 700

隆洪制造与东升电子的各项资产和负债的公允价值如表 2-17 和表 2-18 所示。

表 2-17　隆洪制造资产和负债的公允价值　　　　　　　　　　　单位：万元

资产	期末余额	期初余额	负债和所有者权益	期末余额	期初余额
流动资产			流动负债		
货币资金	47 100	42 100	短期借款	40 000	34 900
交易性金融资产	500	200	交易性金融负债	300	300
应收账款	16 900	16 100	应付账款	18 600	20 700
预付账款	4 200	3 400	应付票据	29 700	21 600
存货	30 000	34 800	预收账款	4 900	3 600
一年内到期的非流动资产		100	应付职工薪酬	1 100	1 000
其他流动资产			应交税费	900	900

续表

资产	期末余额	期初余额	负债和所有者权益	期末余额	期初余额
			应付利息	200	100
非流动资产			应付股利		
债权投资			其他流动负债		
长期应收款	8 500	6 600			
长期股权投资	5 400	5 700	非流动负债		
投资性房地产			长期借款	4 400	5 700
固定资产	19 800	14 800	应付债券		
在建工程			长期应付款		200
固定资产清理			预计负债		
无形资产	8 000	7 100	递延所得税负债	100	100
商誉					
长期待摊费用					
其他非流动资产					

表 2-18 东升电子资产和负债的公允价值　　　　　　　　　　单位：万元

资产	期末余额	期初余额	负债和所有者权益	期末余额	期初余额
流动资产			流动负债		
货币资金	9 600	10 400	短期借款	3 600	2 500
交易性金融资产	900	1 400	交易性金融负债		
应收账款	13 000	11 700	应付账款	15 000	13 300
预付账款			应付票据		
存货	9 600	7 000	预收账款		200
一年内到期的非流动资产			应付职工薪酬	1 000	900
其他流动资产			应交税费	300	300
			应付利息		
非流动资产			应付股利		
债权投资			其他流动负债		
长期应收款					
长期股权投资			非流动负债		
投资性房地产			长期借款	300	300
固定资产	4 000	4 100	应付债券		
在建工程			长期应付款		
固定资产清理			预计负债		
无形资产	100	100	递延所得税负债		
商誉					
长期待摊费用					
其他非流动资产					

要求：编制上述新设合并的会计分录。假设合并双方货币资金均为银行存款。

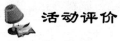活动评价

【答案】

第一步：

借：长期股权投资		50 000
贷：股本(5 000×5)		25 000
资本公积		25 000

第二步：

借：银行存款		56 700
交易性金融资产		1 400
应收账款		29 900
预付账款		4 200
存货		39 600
长期应收款		8 500
长期股权投资		5 400
固定资产		23 800
无形资产		8 100
贷：短期借款		43 600
交易性金融负债		300
应付账款		33 600
应付票据		29 700
预收账款		4 900
应付职工薪酬		2 100
应交税费		1 200
应付利息		200
长期借款		4 700
递延所得税负债		100
长期股权投资		50 000
营业外收入		7 200

合并会计分录：

借：银行存款		56 700
交易性金融资产		1 400
应收账款		29 900
预付账款		4 200
存货		39 600

长期应收款	8 500
长期股权投资	5 400
固定资产	23 800
无形资产	8 100
贷：短期借款	43 600
交易性金融负债	300
应付账款	33 600
应付票据	29 700
预收账款	4 900
应付职工薪酬	2 100
应交税费	1 200
应付利息	200
长期借款	4 700
递延所得税负债	100
股本(5 000×5)	25 000
资本公积	25 000
营业外收入	7 200

2.6 企业合并实训练习

实训练习一

合并过程如图 2-1，合并后甲公司和乙公司均继续保持法人资格。
要求：请参照以下简图，判断分别为何种类型的合并。

实训练习二

合并过程如图 2-2，合并后甲公司和乙公司均继续保持法人资格。
要求：请参照图 2-2，判断分别为何种类型的合并。

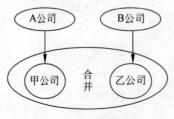
图 2-1 合并过程(一)

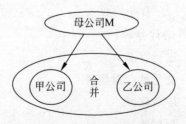
图 2-2 合并过程(二)

实训练习三

合并过程如图 2-3,合并后只有甲公司继续保持法人资格。

要求:请参照图 2-3,判断分别为何种类型的合并。

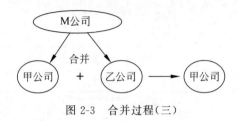

图 2-3 合并过程(三)

实训练习四

合并双方资料如案例一,若甲公司支付银行存款 7 000 000 元对乙公司进行吸收合并,另外,以银行存款支付合并直接相关费用 20 000 元。

要求:请编制有关合并会计业务处理分录。

实训练习五

如上题,若用于吸收合并乙公司的该项固定资产原值 8 800 000 元,已计提折旧 1 800 000 元。另外,以银行存款支付合并直接相关费用 20 000 元。

要求:请编制有关合并会计业务处理分录。

实训练习六

如上题,若甲公司采用发行债券的方式吸收合并乙公司,债券面值 6 100 000 元,溢价 900 000 元。另外,以银行存款支付合并直接相关费用 20 000 元以及发行债券的佣金及手续费 10 000 元。

要求:请编制有关合并会计业务处理分录。

实训练习七

如上题甲公司、乙公司的资产负债表资料,若甲公司为吸收合并乙公司,转移一项固定资产,并发行普通股股票作为对价。其中,该项固定资产原值 5 000 000 元,已计提累计折旧 2 000 000 元;发行普通股股票 5 000 000 股,每股面值 1 元。另外,为进行此次合并,甲公司以银行存款支付合并直接相关费用 20 000 元以及股票发行费用 20 000 元。

要求:请编制有关合并会计业务处理分录。

实训练习八:非同一控制下吸收合并

美好集团股份有限公司是一家销售电器、机器人与自动化系统、智能供应链(物流)

的科技集团,提供多元化的产品种类。

2018年12月31日,美好集团支付现金3 500万元,同时发行面值为10元、市价为20元的普通股900万股,购买卡酷电器。卡酷电器在合并后即宣告解散。

2018年12月31日美好集团和卡酷电器的资产负债表如表2-19与表2-20所示。

表2-19 资产负债表

编制单位:美好集团　　　　　　2018年12月31日　　　　　　单位:万元

资产	期末余额	期初余额	负债和所有者权益	期末余额	期初余额
流动资产			流动负债		
货币资金	2 230 600	1 903 900	短期借款	3 113 600	973 500
交易性金融资产			交易性金融负债		
应收账款		851 500	应付账款		1 054 300
预付账款	66 500	50 200	应付票据		756 200
存货	889 400	883 300	预收账款	503 400	522 300
一年内到期的非流动资产			应付职工薪酬	173 600	157 400
其他流动资产	2 294 200	1 405 400	应交税费	116 300	106 300
流动资产合计	5 480 700	5 094 300	应付利息		2 800
非流动资产			应付股利		
债权投资			其他流动负债		
长期应收款	1 000	10 900	流动负债合计	3 906 900	3 572 800
长期股权投资	81 400	79 000	非流动负债		
投资性房地产			长期借款	1 097 800	1 256 100
固定资产	1 862 300	1 804 000	应付债券		
在建工程			长期应付款		7 400
固定资产清理			预计负债		
无形资产	485 600	455 000	递延所得税负债	132 700	119 200
商誉			非流动负债合计	1 230 500	1 382 700
长期待摊费用			负债合计	5 137 400	4 955 500
其他非流动资产			股东权益		
非流动资产合计	2 430 300	2 348 900	股本	304 800	465 100
			其他权益工具		
			资本公积	553 500	477 300
			盈余公积	152 400	116 500
			未分配利润	1 762 900	1 428 800
			股东权益合计	2 773 600	2 487 700
资产合计	7 911 000	7 443 200	负债和股东权益合计	7 911 000	7 443 200

表 2-20 资产负债表

编制单位:卡酷电器　　　　　2018 年 12 月 31 日　　　　　　　　　　单位:万元

资产	期末余额	期初余额	负债和所有者权益	期末余额	期初余额
流动资产			流动负债		
货币资金	13 300	12 500	短期借款	4 100	4 700
交易性金融资产			交易性金融负债		
应收账款	5 100	3 800	应付账款	11 100	8 500
预付账款	1 100	700	应付票据	1 600	900
存货	15 300	15 100	预收账款	11 300	11 200
一年内到期的非流动资产			应付职工薪酬	100	100
其他流动资产			应交税费	700	500
流动资产合计	34 600	32 000	应付利息		
非流动资产			应付股利		
债权投资			其他流动负债		
长期应收款	3 800	2 900	流动负债合计	28 900	25 900
长期股权投资	500	200	非流动负债		
投资性房地产			长期借款	7 100	6 900
固定资产	3 900	3 600	应付债券		
在建工程			长期应付款		
固定资产清理			预计负债		
无形资产	400	400	递延所得税负债	100	300
商誉			非流动负债合计	7 200	7 200
长期待摊费用			负债合计	36 100	33 100
其他非流动资产			股东权益		
非流动资产合计	8 600	7 100	股本	4 200	3 200
			其他权益工具		
			资本公积	400	500
			盈余公积	200	200
			未分配利润	2 300	2 100
			股东权益合计	7 100	6 000
资产合计	43 200	39 100	负债和股东权益合计	43 200	39 100

美好集团与卡酷电器的各项资产和负债的公允价值如表 2-21 和表 2-22 所示。

表 2-21 美好集团资产和负债的公允价值　　　　　　　　　　单位:万元

资产	期末余额	期初余额	负债和所有者权益	期末余额	期初余额
流动资产			流动负债		
货币资金	2 230 600	1 903 900	短期借款	3 113 600	973 500
交易性金融资产			交易性金融负债		
应收账款		851 500	应付账款		1 054 300
预付账款	66 500	50 200	应付票据		756 200
存货	900 000	883 300	预收账款	503 400	522 300

续表

资产	期末余额	期初余额	负债和所有者权益	期末余额	期初余额
一年内到期的非流动资产			应付职工薪酬	173 600	157 400
其他流动资产	2 294 200	1 405 400	应交税费	116 300	106 300
非流动资产			应付利息		2 800
债权投资			应付股利		
长期应收款	1 000	10 900	其他流动负债		
长期股权投资	81 400	79 000			
投资性房地产			非流动负债		
固定资产	2 000 000	1 804 000	长期借款	1 097 800	1 256 100
在建工程			应付债券		
固定资产清理			长期应付款		7 400
无形资产	500 000	455 000	预计负债		
商誉			递延所得税负债	132 700	119 200
长期待摊费用					
其他非流动资产					

表 2-22 卡酷电器资产和负债的公允价值   单位：万元

资产	期末余额	期初余额	负债和所有者权益	期末余额	期初余额
流动资产			流动负债		
货币资金	13 300	12 500	短期借款	4 100	4 700
交易性金融资产			交易性金融负债		
应收账款	5 100	3 800	应付账款	11 100	8 500
预付账款	1 100	700	应付票据	1 600	900
存货	13 200	15 300	预收账款	11 000	11 200
一年内到期的非流动资产			应付职工薪酬	100	100
其他流动资产			应交税费	700	500
			应付利息		
非流动资产			应付股利		
债权投资			其他流动负债		
长期应收款	3 600	2 900			
长期股权投资	500	200	非流动负债		
投资性房地产			长期借款	6 900	6 900
固定资产	3 700	3 600	应付债券		
在建工程			长期应付款		
固定资产清理			预计负债		
无形资产	350	400	递延所得税负债	100	300
商誉					
长期待摊费用					
其他非流动资产					

要求：编制上述吸收合并的会计分录（资产负债表中的货币资金均为银行存款）。

实训练习九：非同一控制下新设合并

红星医药是国内医药龙头企业，从事生物化学产品、试剂的生产，提供生物科技服务。佳美药业是从事中成药制造的企业。

2018年12月31日，红星医药与佳美药业均宣告解散，新成立一家公司佳宏医药以接受解散的两家公司。新成立的佳宏医药发行10 000股面值为5元，市价为10元的普通股，进行合并。

2018年12月31日红星医药与佳美药业的资产负债表如表2-23与表2-24所示。

表2-23　资产负债表

编制单位：红星医药　　　　　　　2018年12月31日　　　　　　　　单位：万元

资产	期末余额	期初余额	负债和所有者权益	期末余额	期初余额
流动资产			流动负债		
货币资金	26 700	16 600	短期借款	33 600	26 100
交易性金融资产	1 200	400	交易性金融负债		
应收账款		6 500	应付账款		3 300
预付账款	900	500	应付票据		300
存货	6 600	5 500	预收账款		1 100
一年内到期的非流动资产			应付职工薪酬	1 200	1 100
其他流动资产	600	600	应交税费	1 000	1 000
流动资产合计	36 000	30 100	应付利息		300
非流动资产			应付股利		
债权投资			其他流动负债		
长期应收款			流动负债合计	35 800	33 200
长期股权投资	42 900	36 900	非流动负债		
投资性房地产			长期借款	32 300	24 100
固定资产	47 900	42 400	应付债券		
在建工程			长期应付款		1 200
固定资产清理			预计负债		
无形资产	14 300	14 500	递延所得税负债	5 800	6 000
商誉			非流动负债合计	38 100	31 300
长期待摊费用			负债合计	73 900	64 500
其他非流动资产			股东权益		
非流动资产合计	105 100	93 800	股本	15 900	14 500
			其他权益工具		
			资本公积	21 100	18 200
			盈余公积	4 700	4 500
			未分配利润	25 500	22 200
			股东权益合计	67 200	59 400
资产合计	141 100	123 900	负债和股东权益合计	141 100	123 900

表 2-24　资产负债表

编制单位：佳美药业　　　　　　　2018 年 12 月 31 日　　　　　　　　　　　　　单位：万元

资产	期末余额	期初余额	负债和所有者权益	期末余额	期初余额
流动资产			流动负债		
货币资金	22 600	69 300	短期借款	40 000	40 900
交易性金融资产			交易性金融负债		
应收账款	12 600	8 700	应付账款	6 200	4 200
预付账款	2 500	2 300	应付票据	200	
存货	68 400	31 400	预收账款	3 100	3 500
一年内到期的非流动资产			应付职工薪酬	200	200
其他流动资产	2 400	1 300	应交税费	800	1 400
流动资产合计	108 500	113 000	应付利息	1 600	1 000
非流动资产			应付股利		
债权投资			其他流动负债		
长期应收款			流动负债合计	52 100	51 200
长期股权投资	1 100	1 000	非流动负债		
投资性房地产			长期借款	37 000	18 400
固定资产	35 500	19 500	应付债券		
在建工程			长期应付款	3 600	3 600
固定资产清理			预计负债		
无形资产	4 200	3 900	递延所得税负债		
商誉			非流动负债合计	40 600	22 000
长期待摊费用			负债合计	92 700	73 200
其他非流动资产			股东权益		
非流动资产合计	40 800	24 400	股本	15 300	15 200
			其他权益工具		
			资本公积	23 300	23 200
			盈余公积	3 200	3 800
			未分配利润	14 800	22 000
			股东权益合计	56 600	64 200
资产合计	149 300	137 400	负债和股东权益合计	149 300	137 400

红星药业与佳美药业的各项资产和负债的公允价值如表 2-25 与表 2-26 所示。

表 2-25　红星医药资产和负债的公允价值　　　　　　　　　　　　单位：万元

资产	期末余额	期初余额	负债和所有者权益	期末余额	期初余额
流动资产			流动负债		
货币资金	26 700	16 600	短期借款	33 600	26 100
交易性金融资产	1 200	400	交易性金融负债		
应收账款		6 500	应付账款		3 300
预付账款	900	500	应付票据		300
存货	6 500	5 500	预收账款		1 100

续表

资　　产	期末余额	期初余额	负债和所有者权益	期末余额	期初余额
一年内到期的非流动资产			应付职工薪酬	1 200	1 100
其他流动资产	600	600	应交税费	1 000	1 000
非流动资产			应付利息		300
债权投资			应付股利		
长期应收款			其他流动负债		
长期股权投资	42 900	36 900			
投资性房地产			非流动负债		
固定资产	60 900	42 400	长期借款	32 300	24 100
在建工程			应付债券		
固定资产清理			长期应付款		1 200
无形资产	14 300	14 500	预计负债		
商誉			递延所得税负债	5 800	6 000
长期待摊费用					
其他非流动资产					

表 2-26　佳美药业资产和负债的公允价值　　　　　　　　　　　单位：万元

资　　产	期末余额	期初余额	负债和所有者权益	期末余额	期初余额
流动资产			流动负债		
货币资金	600	69 300	短期借款	40 000	40 900
交易性金融资产			交易性金融负债		
应收账款	12 600	8 700	应付账款	6 200	4 200
预付账款	2 500	2 300	应付票据	200	
存货	50 000	31 400	预收账款	3 100	3 500
一年内到期的非流动资产			应付职工薪酬	200	200
其他流动资产	2 400	1 300	应交税费	800	1 400
			应付利息	1 600	1 000
非流动资产			应付股利		
债权投资			其他流动负债		
长期应收款					
长期股权投资	1 100	1 000	非流动负债		
投资性房地产			长期借款	37 000	18 400
固定资产	35 000	19 500	应付债券		
在建工程			长期应付款	3 600	3 600
固定资产清理			预计负债		
无形资产	4 200	3 900	递延所得税负债		
商誉					
长期待摊费用					
其他非流动资产					

要求：编制上述新设合并的会计分录。

企业合并的会计方法实训练习答案

 本章小结

企业合并的方法：一种做法是"权益结合法"，即被吸收企业（或子公司）的资产和负债仍然按照原账面价值记载，不调整为公允价值。另一种做法是"购买法"，即被吸收企业（或子公司）的资产和负债按照公允价值重新计算。

"同一控制下的企业合并"，是指参与合并的企业在合并前后均受同一方或相同的多方最终控制且该控制并非暂时性的情形。通常指企业集团内部所发生的合并，采用权益结合法。《企业会计准则第 20 号——企业合并》准则把参与合并的各方在合并前后不受同一方或相同的多方最终控制的企业合并（即参与合并的各方在市场交易中自愿达成的合并）称为"非同一控制下的企业合并"。准则规定，母公司应当根据母子公司的个别报表编制购买日的合并会计报表，采用购买法。

 思考题

1. 如何理解购买法及权益结合法？
2. 购买法与权益结合法对会计信息有什么影响？
3. 根据我国企业会计准则，同一控制下企业合并以及非同一控制下企业合并如何进行账务处理？

第 3 章

合并日的合并财务报表

学习目标

1. 熟悉合并财务报表的定义。
2. 熟悉合并财务报表的特点。
3. 掌握合并财务报表的种类。
4. 掌握合并财务报表的范围。
5. 理解合并财务报表的理论依据。
6. 掌握同一控制下合并日合并财务报表的编制。
7. 掌握非同一控制下合并日合并财务报表的编制。

※ **本章相关的会计准则**
1. 《企业会计准则第 33 号——企业合并》
2. IFRS 10 Consolidated Financial Statements（revised 2008）

3.1 合并财务报表概述

1. 合并财务报表的定义

根据《企业会计准则第 33 号——企业合并》的规定，合并财务报表是指反映母公司和其全部子公司形成的企业集团整体财务状况、经营成果和现金流量的财务报表。

2. 合并财务报表的特点

(1) 合并财务报表反映的是企业集团整体的财务状况、经营成果和现金流量信息的财务报表，而非单个企业；

(2) 合并财务报表的编制基础是构成企业集团的母、子公司的个别财务报表，而非账簿记录资料；

(3) 合并财务报表的编制遵循特定的方法，通过合并工作底稿，在对纳入合并范围的企业的个别财务报表进行加总的基础上,通过编制调整和抵销分录,最后确定合并财务报表各项目的数额。

3. 合并财务报表的种类

(1) 按编制时间及目的不同分为：合并日合并财务报表、合并日后合并财务报表。

(2) 按反映的具体内容不同分为：合并资产负债表、合并利润表、合并现金流量表、合并所有者权益变动表以及合并财务报表附注。

4. 合并的范围

合并财务报表的合并范围是指应纳入合并财务报表编报的被投资单位范围。《企业会计准则第33号——合并财务报表》规定,合并财务报表的合并范围应控制为基础加以确定。母公司应当将其能够控制的全部子公司纳入合并财务报表的合并范围。

控制,是指投资方拥有对被投资方的权力,通过参与被投资方的相关活动而享有可变回报,并且有能力运用对被投资方的权力影响其回报金额。准则所称相关活动,是指对被投资方的回报产生重大影响的活动。被投资方的相关活动应当根据具体情况进行判断,通常包括商品或劳务的销售和购买、金融资产的管理、资产的购买和处置、研究与开发活动以及融资活动等。

5. 合并财务报表的理论依据

合并理论是编制合并财务报表的理论基础,主要包括所有权理论、母公司理论和主体理论。

(1) 所有权理论

所有权理论强调一种严格的所有权关系,认为母子公司之间的关系是拥有和被拥有的关系。认为编制合并报表的目的,是为了向母公司的股东报告其所拥有的资源,因此,合并报表以母公司股东为信息需求者,子公司并入母公司报表的份额为母公司持有子公司股权所拥有的部分,体现为按照比例合并的特点。

所有权理论具有以下特点：

① 对于子公司的资产与负债,只按母公司拥有部分的公允价值计入合并资产负债表,属于少数股权的资产和负债不包括在合并报表中。

② 对于子公司的收入、费用与利润,也只按母公司所持有股权的份额计入合并利润表,属于子公司少数股权的收入和费用不在合并报表中计列。

(2) 母公司理论

母公司理论不强调严格的所有权关系,认为母公司虽然并不拥有对子公司所有资产、负债的所有权,但母公司拥有对子公司所有资产、负债实质控制的能力,因此,合并报表时子公司的资产、负债以及收入、费用均应加以合并。母公司理论是一种站在母公司股东的角度,来看待母公司与其子公司之间的控股合并关系的合并理论。

母公司理论具有以下特点:

① 子公司的资产、负债属于母公司的部分,以公允价值加以合并,属于少数股权部分的以账面价值计列。

② 商誉只计列属于母公司的部分,属于少数股权的部分不计入。

③ 将合并净利润归属于母公司股东。

④ 合并主体的所有者权益只反映母公司的所有者权益。将子公司的少数股东视为集团外的利益群体,将这部分股东所持有的权益(少数股权)视为整个集团的负债。

⑤ 少数股东损益视为企业集团的一项费用。

(3) 主体理论

主体理论认为母子公司之间的关系是控制与被控制的关系。编制合并财务报表是为了反映合并实体所控制的资源,采用完全合并法。从一个所有权的总和出发,而不是简单地从母公司、子公司少数股东各自所拥有的子公司所有权出发。强调将母子公司视为一个统一、独立的经济主体。该经济主体由控股股东和少数股东共同投资建立,财务报表应反映整个经济主体,而不应只从控股股东的角度出发。

主体理论具有以下特点:

① 子公司资产、负债无论多数股权、少数股权均以公允价值合并。

② 商誉计列母公司的部分及估算的属于少数股东的部分。

③ 子公司少数股权以公允市价计列,是合并权益的一部分。

④ 合并净利润归属于合并主体的所有权益拥有者。

⑤ 少数股权是合并权益的一部分。

⑥ 少数股东损益是合并净利润总额分配给少数股东的部分。

6. 现行实务中的合并理论

我国会计实务中,财务报表合并方法反映了部分母公司理论以及部分主体理论。现行实务报表合并具有以下特点:

(1) 对于子公司资产、负债的计列。子公司资产、负债的计列采用主体理论,即多数股东权益和少数股东权益部分均按公允价值计列。

(2) 商誉的列示。商誉的计列采用母公司理论,只计列了属于母公司的部分。

(3) 少数股东权益的列示。少数股东权益的计列采用主体理论,作为合并股东权益的一部分。

(4) 少数股东损益的计列。少数股东损益的计列采用主体理论,作为合并利润的一部分,并不是费用。

3.2 合并日合并财务报表的编制

3.2.1 编制合并财务报表的基本步骤

1. 获取各个子公司的相关资料

包括以下资料：
（1）子公司的个别财务报表；
（2）购买日子公司各项可辨认资产、负债的公允价值；
（3）子公司采用的与母公司不一致的会计政策及其影响金额；
（4）子公司与母公司不一致的会计期间的说明；
（5）子公司与母公司、其他子公司之间发生的所有内部交易的相关资料；
（6）子公司所有者权益变动的有关资料；
（7）编制合并财务报表所需的其他资料。

2. 统一会计期间

如果子公司个别财务报表的会计期间与母公司不一致,应当按照母公司的会计期间进行调整。

3. 统一货币计量单位

对子公司的外币财务报表先进行折算,然后才能合并。

4. 统一会计政策

当子公司采用的会计政策与母公司不一致时,按照母公司的会计政策进行调整。

3.2.2 合并日同一控制下企业合并的合并财务报表的编制

合并日,是指合并方实际取得对被合并方控制权的日期。母子公司合并后,为反映合并当日合并后之财务状况,应立即编制合并财务报表。非同一控制下的企业合并,合并日只要求编制合并资产负债表。

对于同一控制下的控股合并,母公司应当编制合并日的合并资产负债表、合并利润表与合并现金流量表。合并利润表包括参与合并各方自合并当期期初至合日所发生的收入、费用和利润,被合并方自合并当期期初至合并日实现的净利润在"净利润"下单独列示。

在编制合并资产负债表时,母公司资产负债表中对子公司的"长期股权投资"项目与子公司资产负债表中的所有者权益项目相抵销。在母公司不是100%控股的情况下,还需要确认出少数股东权益。对于被合并方在合并前实现的留存收益中归属于合并方的部分,以合并方的"资本公积"(资本溢价或股本溢价)为限转入留存收益。

同一控制下的控股合并形成企业集团,在合并日应由其母公司进行合并会计处理,即在母公司、子公司个别财务报表的基础之上,按照权益结合法的要求,利用合并工作底稿,编制合并财务报表(合并资产负债表、合并利润表以及合并现金流量表)。

1. 将个别财务报表数据过入合并工作底稿

2. 编制调整、抵销分录

(1) 调整分录包括

① 若子公司个别报表中会计政策和会计期间与母公司不一致,需调整为一致;

② 将子公司在合并前实现的留存收益中归属于母公司的部分自资本公积(资本溢价)中转出[以母公司资本公积(资本溢价)贷方余额为限],予以恢复。

借:资本公积
　　贷:盈余公积(母公司占有的被合并方盈余公积)
　　　　未分配利润(母公司占有的被合并方未分配利润)

注:因合并方资本公积(资本溢价或股本溢价)余额不足,致使子公司合并前的留存收益中归属于母公司的部分在合并资产负债表中未予全额恢复的,母公司应在报表附注中对这一情况进行说明。

(2) 抵销分录包括

① 母公司对子公司的长期股权投资与子公司所有者权益的抵销;

全资子公司情况下(母公司持股比例为100%)

借:股本(子公司账面价值)
　　资本公积(子公司账面价值)
　　盈余公积(子公司账面价值)
　　未分配利润(子公司账面价值)
　　贷:长期股权投资(母公司在其个别报表中所确认的因该项合并所形成的长期股权投资)

非全资子情况下

借:股本(子公司账面价值)
　　资本公积(子公司账面价值)
　　盈余公积(子公司账面价值)
　　未分配利润(子公司账面价值)
　　贷:长期股权投资
　　　　少数股东权益(子公司净资产账面价值×少数股东持股比例)

② 内部交易的抵销,包括内部存货交易、内部固定资产交易、内部无形资产交易等;
③ 内部债权债务的抵销。

3. 将调整、抵销分录誊写入合并工作底稿

4. 在合并工作底稿中计算出各个项目的合并数

资产、费用项目:
合并数＝各项目合计数＋调整抵销分录借方发生额－调整抵销分录贷方发生额
负债、所有者权益、收入及利润项目:
合并数＝各项目合计数＋调整抵销分录贷方发生额－调整抵销分录借方发生额

5. 根据上述计算结果填列合并财务报表

3.2.3 合并日非同一控制下企业合并的账务处理

非同一控制下企业合并,母公司在合并日只编制合并资产负债表,主要调整、抵销处理如下:

1. 将子公司各项可辨认资产和负债由账面价值调整为公允价值

对非同一控制下企业合并取得的子公司,需将子公司可辨认净资产按合并日公允价值进行调整,差额计入"资本公积"。

2. 将母公司长期股权投资与子公司所有者权益的抵销

在编制合并资产负债表时,母公司资产负债表中对子公司的"长期股权投资"项目与子公司资产负债表中的所有者权益项目相抵销,借方差额计入"商誉",贷方差额计入"未分配利润——期初"。在母公司不是100%控股的情况下,还需要确认出少数股东权益。

3.3 同一控制下合并日合并财务报表编制案例

1. 同一控制下企业合并——全资子公司(转移资产方式)

P公司和S公司同受C公司的最终控制。2018年6月30日P公司支付银行存款500 000元以及一项固定资产,取得S公司100%股权。支付的该项固定资产原价3 200 000元,已计提折旧1 200 000元,公允价值2 700 000元。假设合并前后P公司与S公司同受C公司最终控制的时间均在一年以上,且合并前两者所采用的会计政策相同。S公司与P公司在合并前期及当期均无内部交易发生。合并前合并双方的资产负债表及公允价值和利润表如表3-1至表3-4所示。

表 3-1 S 公司资产负债表及公允价值（简表）　　　　　单位：元

	账面价值	公允价值
货币资金	1 500 000	1 500 000
应收账款	1 000 000	1 000 000
存货	1 500 000	1 500 000
长期股权投资	1 000 000	1 000 000
固定资产（净值）	5 000 000	7 500 000
无形资产（净值）	2 000 000	3 300 000
资产合计	12 000 000	15 800 000
短期借款	2 000 000	2 000 000
应付账款	1 000 000	1 000 000
应付债券	3 000 000	3 000 000
股本	3 000 000	
资本公积	1 000 000	
盈余公积	1 000 000	
未分配利润	1 000 000	
负债及股东权益合计	12 000 000	

表 3-2 S 公司利润表（简表）　　　　　单位：元

项　目	金　额
一、营业收入	1 600 000
减：营业成本	750 000
营业税金及附加	15 000
销售费用	110 000
管理费用	105 000
财务费用	65 000
资产减值损失	30 000
加：公允价值变动损益（损失以"－"号填列）	0
投资收益（损失以"－"号填列）	100 000
其中：对联营企业和合营企业的投资收益	0
二、营业利润（亏损以"－"号填列）	625 000
加：营业外收入	80 000
减：营业外支出	20 000
三、利润总额（亏损总额以"－"号填列）	685 000
减：所得税费用	171 250
四、净利润（亏损总额以"－"号填列）	513 750

表 3-3 P 公司资产负债表及公允价值（简表）　　　　　单位：元

	账面价值	公允价值
货币资金	4 000 000	4 000 000
应收账款	8 000 000	8 000 000
存货	10 000 000	11 000 000
长期股权投资	6 200 000	6 200 000
固定资产（净值）	15 800 000	18 000 000
无形资产（净值）	1 000 000	1 000 000

续表

	账面价值	公允价值
资产合计	45 000 000	48 200 000
短期借款	3 000 000	3 000 000
应付账款	7 000 000	7 000 000
应付债券	15 000 000	15 000 000
股本	10 000 000	
资本公积	2 000 000	
盈余公积	3 000 000	
未分配利润	5 000 000	
负债及股东权益合计	45 000 000	

假设 P 公司资本公积均为资本溢价。

表 3-4　P 公司利润表　　　　　　　　　　　　　　单位：元

项　　目	金　　额
一、营业收入	7 000 000
减：营业成本	3 000 000
营业税金及附加	60 000
销售费用	700 000
管理费用	900 000
财务费用	180 000
资产减值损失	80 000
加：公允价值变动损益(损失以"－"号填列)	0
投资收益(损失以"－"号填列)	4 000 000
其中：对联营企业和合营企业的投资收益	0
二、营业利润(亏损以"－"号填列)	6 080 000
加：营业外收入	300 000
减：营业外支出	100 000
三、利润总额(亏损总额以"－"号填列)	6 280 000
减：所得税费用	1 570 000
四、净利润(亏损总额以"－"号填列)	4 710 000

要求：编制合并日有关会计分录。

【案例分析】

合并前后 P 公司与 S 公司同受 C 公司最终控制的时间均在一年以上，P 公司通过合并取得 S 公司 100% 股权，S 公司继续存续，因此此项合并为同一控制下的控股合并。

第一步，P 公司在个别报表中确认长期股权投资，会计处理为

P 公司将固定资产相关账户转入固定资产清理：

借：固定资产清理　　　　　　　　　　　　2 000 000
　　累计折旧　　　　　　　　　　　　　　1 200 000
　　　贷：固定资产　　　　　　　　　　　　　　　3 200 000

P 公司确认长期股权投资：

借：长期股权投资	6 000 000	
贷：银行存款		500 000
固定资产清理		2 000 000
资本公积		3 500 000

经过上述会计处理，P公司的资产负债表如表3-5所示。

表3-5　P公司资产负债表及公允价值（简表）　　　　　单位：元

	账面价值	公允价值
货币资金	3 500 000	3 500 000
应收账款	8 000 000	8 000 000
存货	10 000 000	11 000 000
长期股权投资	12 200 000	12 200 000
固定资产（净值）	13 800 000	15 500 000
无形资产（净值）	1 000 000	1 000 000
资产合计	48 500 000	51 200 000
短期借款	3 000 000	3 000 000
应付账款	7 000 000	7 000 000
应付债券	15 000 000	15 000 000
股本	10 000 000	
资本公积	5 500 000	
盈余公积	3 000 000	
未分配利润	5 000 000	
负债及股东权益合计	48 500 000	

第二步，由P公司进行合并会计处理，编制合并报表。

调整分录：将子公司在合并前实现的留存收益中归属于母公司的部分自资本公积（资本溢价）中转出。

借：资本公积	2 000 000	
贷：盈余公积	1 000 000	①
未分配利润	1 000 000	

抵销分录：母公司长期股权投资与子公司所有者权益的抵销。

借：股本	3 000 000	
资本公积	1 000 000	
盈余公积	1 000 000	②
未分配利润	1 000 000	
贷：长期股权投资	6 000 000	

编制合并财务报表：

首先，编制合并工作底稿，过入P公司和S公司个别报表数据，然后将以上调整抵销分录填入工作底稿，并计算得出合并数据，最后将合并数据填入合并财务报表，如表3-6至表3-8所示。

表 3-6 合并工作底稿

单位：元

项目	母公司	子公司	调整分录 借方	调整分录 贷方	抵销分录 借方	抵销分录 贷方	少数股东权益	合并数
资产负债表项目								
货币资金	3 500 000	1 500 000						5 000 000
应收账款	8 000 000	1 000 000						9 000 000
存货	10 000 000	1 500 000						11 500 000
长期股权投资	12 200 000	1 000 000				② 6 000 000		7 200 000
固定资产（净值）	13 800 000	5 000 000						18 800 000
无形资产（净值）	1 000 000	2 000 000						3 000 000
资产合计	48 500 000	12 000 000						54 500 000
短期借款	3 000 000	2 000 000						5 000 000
应付账款	7 000 000	1 000 000						8 000 000
应付债券	15 000 000	3 000 000						18 000 000
股本	10 000 000	3 000 000			② 3 000 000			10 000 000
资本公积	5 500 000	1 000 000		① 1 000 000	② 1 000 000			3 500 000
盈余公积	3 000 000	1 000 000			② 1 000 000			4 000 000
未分配利润	5 000 000	1 000 000	① 2 000 000	① 1 000 000	② 1 000 000			6 000 000
负债及股东权益合计	48 500 000	12 000 000						54 500 000
利润表项目								
一、营业收入	7 000 000	1 600 000						8 600 000
减：营业成本	3 000 000	750 000						3 750 000
营业税金及附加	60 000	15 000						75 000
销售费用	700 000	110 000						810 000
管理费用	900 000	105 000						1 005 000
财务费用	180 000	65 000						245 000

续表

项目	母公司	子公司	调整分录 借方	调整分录 贷方	抵销分录 借方	抵销分录 贷方	少数股东权益	合并数
资产减值损失	80 000	30 000						110 000
加：公允价值变动损益（损失以"−"号填列）	0	0						0
投资收益（损失以"−"号填列）	4 000 000	100 000						4 100 000
其中：对联营企业和合营企业的投资收益	0	0						0
二、营业利润（亏损以"−"号填列）	6 080 000	625 000						6 705 000
加：营业外收入	300 000	80 000						380 000
减：营业外支出	100 000	20 000						120 000
三、利润总额（亏损总额以"−"号填列）	6 280 000	685 000						6 965 000
减：所得税费用	1 570 000	171 250						1 741 250
四、净利润（亏损总额以"−"号填列）	4 710 000	513 750						5 223 750

表 3-7　合并资产负债表（简表）　　　　　　　　　　　单位：元

项　　目	金　　额
货币资金	5 000 000
应收账款	9 000 000
存货	11 500 000
长期股权投资	7 200 000
固定资产（净值）	18 800 000
无形资产（净值）	3 000 000
资产合计	54 500 000
短期借款	5 000 000
应付账款	8 000 000
应付债券	18 000 000
股本	10 000 000
资本公积	3 500 000
盈余公积	4 000 000
未分配利润	6 000 000
负债及股东权益合计	54 500 000

表 3-8　合并利润表（简表）　　　　　　　　　　　　单位：元

项　　目	金　　额
一、营业收入	7 000 000
减：营业成本	3 000 000
营业税金及附加	60 000
销售费用	700 000
管理费用	900 000
财务费用	180 000
资产减值损失	80 000
加：公允价值变动损益（损失以"－"号填列）	0
投资收益（损失以"－"号填列）	4 000 000
其中：对联营企业和合营企业的投资收益	0
二、营业利润（亏损以"－"号填列）	6 080 000
加：营业外收入	300 000
减：营业外支出	100 000
三、利润总额（亏损总额以"－"号填列）	6 280 000
减：所得税费用	1 570 000
四、净利润（亏损总额以"－"号填列）	4 710 000
其中：被合并方在合并前实现利润	513 750

2. 同一控制下企业合并——全资子公司（发行股票方式）

如上题，若 P 公司合并对价的支付方式改为发行普通股股票 5 000 000 股，每股面值 1 元。

【案例分析】

第一步，P公司在其个别报表中确认长期股权投资。

借：长期股权投资　　　　　　　　　　　　6 000 000
　　贷：股本　　　　　　　　　　　　　　　　　　5 000 000
　　　　资本公积　　　　　　　　　　　　　　　　1 000 000

长期股权投资确认后，P公司的资产负债表如表3-9所示。

表3-9　P公司资产负债表及公允价值（简表）　　　　　　单位：元

	账面价值	公允价值
货币资金	4 000 000	4 000 000
应收账款	8 000 000	8 000 000
存货	10 000 000	11 000 000
长期股权投资	12 200 000	12 200 000
固定资产（净值）	15 800 000	18 000 000
无形资产（净值）	1 000 000	1 000 000
资产合计	51 000 000	54 200 000
短期借款	3 000 000	3 000 000
应付账款	7 000 000	7 000 000
应付债券	15 000 000	15 000 000
股本	15 000 000	
资本公积	3 000 000	
盈余公积	3 000 000	
未分配利润	5 000 000	
负债及股东权益合计	51 000 000	

第二步，由P公司进行合并会计处理，编制合并报表。

调整分录：

借：资本公积　　　　　　　　　　　　　　2 000 000
　　贷：盈余公积　　　　　　　　　　　　　　　　1 000 000　　①
　　　　未分配利润　　　　　　　　　　　　　　　1 000 000

抵销分录：

借：股本　　　　　　　　　　　　　　　　3 000 000
　　资本公积　　　　　　　　　　　　　　1 000 000
　　盈余公积　　　　　　　　　　　　　　1 000 000　　②
　　未分配利润　　　　　　　　　　　　　1 000 000
　　贷：长期股权投资　　　　　　　　　　　　　　6 000 000

编制合并工作底稿，如表3-10所示。

表 3-10 合并工作底稿

单位：元

项　　目	母公司	子公司	调整分录借方	调整分录贷方	抵销分录借方	抵销分录贷方	少数股东权益	合并数
资产负债表项目								
货币资金	4 000 000	1 500 000						5 500 000
应收账款	8 000 000	1 000 000						9 000 000
存货	10 000 000	1 500 000						11 500 000
长期股权投资	12 200 000	1 000 000				② 6 000 000		7 200 000
固定资产（净值）	15 800 000	5 000 000						20 800 000
无形资产（净值）	1 000 000	2 000 000						3 000 000
资产合计	51 000 000	12 000 000						57 000 000
短期借款	3 000 000	2 000 000						5 000 000
应付账款	7 000 000	1 000 000						8 000 000
应付债券	15 000 000	3 000 000						18 000 000
股本	15 000 000	3 000 000	① 2 000 000		② 3 000 000			15 000 000
资本公积	3 000 000	1 000 000		① 1 000 000	② 1 000 000			4 000 000
盈余公积	3 000 000	1 000 000		① 1 000 000	② 1 000 000			4 000 000
未分配利润	5 000 000	1 000 000						6 000 000
负债及股东权益合计	51 000 000	12 000 000						57 000 000
利润表项目								
一、营业收入	7 000 000	1 600 000						8 600 000
减：营业成本	3 000 000	750 000						3 750 000
营业税金及附加	60 000	15 000						75 000
销售费用	700 000	110 000						810 000
管理费用	900 000	105 000						1 005 000
财务费用	180 000	65 000						245 000

续表

项目	母公司	子公司	调整分录 借方	调整分录 贷方	抵销分录 借方	抵销分录 贷方	少数股东权益	合并数
资产减值损失	80 000	30 000						110 000
加：公允价值变动损益（损失以"-"号填列）	0	0						0
投资收益（损失以"-"号填列）	4 000 000	100 000						4 100 000
其中：对联营企业和合营企业的投资收益	0	0						0
二、营业利润（亏损以"-"号填列）	6 080 000	625 000						6 705 000
加：营业外收入	300 000	80 000						380 000
减：营业外支出	100 000	20 000						120 000
三、利润总额（亏损总额以"-"号填列）	6 280 000	685 000						6 965 000
减：所得税费用	1 570 000	171 250						1 741 250
四、净利润（亏损总额以"-"号填列）	4 710 000	513 750						5 223 750

根据合并工作底稿编制合并财务报表，如表3-11与表3-12所示。

表 3-11　合并资产负债表（简表）　　　　　　　　　　　　　单位：元

项　　目	金　　额
货币资金	5 500 000
应收账款	9 000 000
存货	11 500 000
长期股权投资	7 200 000
固定资产（净值）	20 800 000
无形资产（净值）	3 000 000
资产合计	57 000 000
短期借款	5 000 000
应付账款	8 000 000
应付债券	18 000 000
股本	15 000 000
资本公积	1 000 000
盈余公积	4 000 000
未分配利润	6 000 000
负债及股东权益合计	57 000 000

表 3-12　合并利润表（简表）　　　　　　　　　　　　　单位：元

项　　目	金　　额
一、营业收入	7 000 000
减：营业成本	3 000 000
营业税金及附加	60 000
销售费用	700 000
管理费用	900 000
财务费用	180 000
资产减值损失	80 000
加：公允价值变动损益（损失以"－"号填列）	0
投资收益（损失以"－"号填列）	4 000 000
其中：对联营企业和合营企业的投资收益	0
二、营业利润（亏损以"－"号填列）	6 080 000
加：营业外收入	300 000
减：营业外支出	100 000
三、利润总额（亏损总额以"－"号填列）	6 280 000
减：所得税费用	1 570 000
四、净利润（亏损总额以"－"号填列）	710 000

3. 同一控制下企业合并——非全资子公司

如上题，假设 P 公司支付银行存款 3 000 000 元，取得 S 公司 80％的股权。

【案例分析】

第一步，P 公司在其个别报表中确认长期股权投资。

借：长期股权投资　　　　　　　4 800 000（6 000 000×80％）

　　　　贷：银行存款　　　　　　　　　　　　　　3 000 000
　　　　　　资本公积　　　　　　　　　　　　　　1 800 000

P公司确认长期股权投资后，其资产负债表如表3-13所示。

表3-13　P公司资产负债表及公允价值（简表）　　　　　　单位：元

	账面价值	公允价值
货币资金	1 000 000	1 000 000
应收账款	8 000 000	8 000 000
存货	10 000 000	11 000 000
长期股权投资	11 000 000	11 000 000
固定资产（净值）	15 800 000	18 000 000
无形资产（净值）	1 000 000	1 000 000
资产合计	46 800 000	50 000 000
短期借款	3 000 000	3 000 000
应付账款	7 000 000	7 000 000
应付债券	15 000 000	15 000 000
股本	10 000 000	
资本公积	3 800 000	
盈余公积	3 000 000	
未分配利润	5 000 000	
负债及股东权益合计	46 800 000	

第二步，由P公司进行合并会计处理，编制合并报表。

调整分录：因为S公司是P公司的非全资子公司，因此对于S公司在合并前实现的留存收益，此处只恢复归属于母公司的部分（80%）。

　　借：资本公积　　　　　　　　　　　　　　1 600 000　　①
　　　　贷：盈余公积　　　　　　　　　　　　　　800 000（1 000 000×80%）
　　　　　　未分配利润　　　　　　　　　　　　　800 000（1 000 000×80%）

抵销分录：

　　借：股本　　　　　　　　　　　　　　　　3 000 000
　　　　资本公积　　　　　　　　　　　　　　1 000 000
　　　　盈余公积　　　　　　　　　　　　　　1 000 000　　②
　　　　未分配利润　　　　　　　　　　　　　1 000 000
　　　　贷：长期股权投资　　　　　　　　　　　4 800 000
　　　　　　少数股东权益　　　　　　　　　　　1 200 000（6 000 000×20%）

非全资子公司情况下，需在此步抵销分录中确认少数股东权益。对于同一控制下的控股合并，少数股东权益等于子公司净资产账面价值乘以少数股东占有比例。少数股东权益需在合并资产负债表中的所有者权益项目下单独列示。

以母子公司个别报表为基础，做上述调整、抵销处理，编制合并工作底稿，如表3-14所示。

表 3-14 合并工作底稿

单位：元

项　　目	母公司	子公司	调整分录借方	调整分录贷方	抵销分录借方	抵销分录贷方	少数股东权益	合并数
资产负债表项目								
货币资金	1 000 000	1 500 000						2 500 000
应收账款	8 000 000	1 000 000						9 000 000
存货	10 000 000	1 500 000						11 500 000
长期股权投资	11 000 000	1 000 000				② 4 800 000		7 200 000
固定资产（净值）	15 800 000	5 000 000						20 800 000
无形资产（净值）	1 000 000	2 000 000						3 000 000
资产合计	46 800 000	12 000 000						54 000 000
短期借款	3 000 000	2 000 000						5 000 000
应付账款	7 000 000	1 000 000						8 000 000
应付债券	15 000 000	3 000 000						18 000 000
股本	10 000 000	3 000 000	① 1 600 000		② 3 000 000			10 000 000
资本公积	3 800 000	1 000 000		① 800 000	② 1 000 000			2 200 000
盈余公积	3 000 000	1 000 000		① 800 000	② 1 000 000			3 800 000
未分配利润	5 000 000	1 000 000						5 800 000
少数股东权益							② 1 200 000	1 200 000
负债及股东权益合计	46 800 000	12 000 000						54 000 000
利润表项目								
一、营业收入	7 000 000	1 600 000						8 600 000
减：营业成本	3 000 000	750 000						3 750 000
营业税金及附加	60 000	15 000						75 000
销售费用	700 000	110 000						810 000
管理费用	900 000	105 000						1 005 000

续表

项　目	母公司	子公司	调整分录 借方	调整分录 贷方	抵销分录 借方	抵销分录 贷方	少数股东权益	合并数
财务费用	180 000	65 000						245 000
资产减值损失	80 000	30 000						110 000
加：公允价值变动损益（损失以"-"号填列）	0	0						0
投资收益（损失以"-"号填列）	4 000 000	100 000						4 100 000
其中：对联营企业和合营企业的投资收益	0	0						0
二、营业利润（亏损以"-"号填列）	6 080 000	625 000						6 705 000
加：营业外收入	300 000	80 000						380 000
减：营业外支出	100 000	20 000						120 000
三、利润总额（亏损总额以"-"号填列）	6 280 000	685 000						6 965 000
减：所得税费用	1 570 000	171 250						1 741 250
四、净利润（亏损总额以"-"号填列）	4 710 000	513 750						5 223 750

将合并工作底稿中计算得出的合并数列入合并报表,如表3-15与表3-16所示。

表 3-15　合并资产负债表（简表）　　　　　　　　　　单位：元

项　目	金　额
货币资金	2 500 000
应收账款	9 000 000
存货	11 500 000
长期股权投资	7 200 000
固定资产（净值）	20 800 000
无形资产（净值）	3 000 000
资产合计	54 000 000
短期借款	5 000 000
应付账款	8 000 000
应付债券	18 000 000
股本	10 000 000
资本公积	2 200 000
盈余公积	3 800 000
未分配利润	5 800 000
少数股东权益	1 200 000
负债及股东权益合计	54 000 000

表 3-16　合并利润表（简表）　　　　　　　　　　单位：元

项　目	金　额
一、营业收入	7 000 000
减：营业成本	3 000 000
营业税金及附加	60 000
销售费用	700 000
管理费用	900 000
财务费用	180 000
资产减值损失	80 000
加：公允价值变动损益（损失以"－"号填列）	0
投资收益（损失以"－"号填列）	4 000 000
其中：对联营企业和合营企业的投资收益	0
二、营业利润（亏损以"－"号填列）	6 080 000
加：营业外收入	300 000
减：营业外支出	100 000
三、利润总额（亏损总额以"－"号填列）	6 280 000
减：所得税费用	1 570 000
四、净利润（亏损总额以"－"号填列）	4 710 000

3.4 非同一控制下合并日合并财务报表编制案例

1. 非同一控制下企业合并——全资子公司（未发生增值）

大新科技1999年成立，是一家著名高科技企业，从事计算机及网络系统、电子商务、计算机系统集成与电子工程的研究开发。胜华软件是一家计算机软件开发企业，成立于2006年，从事计算机软件的技术开发、技术咨询、技术服务、技术培训等业务。两家公司未受同一方或相同多方最终控制。

假设：2017年6月30日，大新科技以现金15 000元购买了胜华软件100%的股权，胜华软件成为大新科技的全资子公司。经评估合并日胜华软件各项可辨认资产、负债公允价值与账面价值相等。

大新科技有限公司和胜华软件有限公司2017年6月30日的资产负债表如表3-17与表3-18所示。

表3-17 资产负债表

编制单位：大新科技有限公司　　2017年6月30日　　　　　　　　　　　单位：万元

资　产	期末余额	期初余额	负债和所有者权益	期末余额	期初余额
流动资产			流动负债		
货币资金	6 000	5 000	短期借款	6 000	5 000
交易性金融资产	7 000	8 000	交易性金融负债		
应收账款	14 000	12 000	应付账款	11 000	12 000
预付账款	10 000	12 000	应付票据	1 000	900
存货	18 000	17 000	预收账款	2 000	2 100
一年内到期的非流动资产			应付职工薪酬	10 000	8 000
其他流动资产			应交税费	4 000	6 000
流动资产合计	55 000	54 000	应付利息	1 000	1 100
非流动资产			应付股利		
债权投资	10 000	10 000	其他流动负债		
长期应收款	12 000	13 000	流动负债合计	35 000	36 000
长期股权投资	15 000		非流动负债		
投资性房地产			长期借款	7 000	6 500
固定资产	40 000	55 000	应付债券		
在建工程			长期应付款		
固定资产清理			预计负债		
无形资产	5 000	5 000	递延所得税负债	3 000	3 500
商誉			非流动负债合计	10 000	10 000
长期待摊费用			负债合计	45 000	45 000
其他非流动资产			股东权益		

续表

资产	期末余额	期初余额	负债和所有者权益	期末余额	期初余额
非流动资产合计	82 000	83 000	股本	63 000	63 000
			其他权益工具		
			资本公积	7 000	7 000
			盈余公积	8 000	7 000
			未分配利润	14 000	15 000
			股东权益合计	92 000	92 000
资产合计	137 000	137 000	负债和股东权益合计	137 000	137 000

表 3-18 资产负债表

编制单位：胜华软件有限公司　　　2017 年 6 月 30 日　　　单位：万元

资产	期末余额	期初余额	负债和所有者权益	期末余额	期初余额
流动资产			流动资产		
货币资金	200	200	短期借款	1 000	1 000
交易性金融资产			交易性金融负债		
应收账款	100	200	应付账款	2 000	3 000
预付账款	800	700	应付票据	500	400
存货	1 000	1 200	预收账款		
一年内到期的非流动资产			应付职工薪酬	1 000	900
其他流动资产			应交税费	500	300
流动资产合计	2 100	2 300	应付利息	500	400
非流动资产			应付股利		
债权投资			其他流动负债		
长期应收款	2 000	3 000	流动负债合计	5 500	6 000
长期股权投资			非流动负债		
投资性房地产			长期借款	2 000	2 000
固定资产	12 900	12 700	应付债券		
在建工程			长期应付款		
固定资产清理			预计负债		
无形资产	5 000	5 000	递延所得税负债	300	400
商誉			其非流动负债合计	2 300	2 400
长期待摊费用			负债合计	7 800	8 400
其他非流动资产			股东权益		
非流动资产合计	19 900	20 700	股本	10 000	10 000
			其他权益工具		
			资本公积	1 000	1 000
			盈余公积	1 200	1 100
			未分配利润	2 000	2 500
			股东权益合计	14 200	14 600
资产合计	22 000	23 000	负债和股东权益合计	22 000	23 000

要求:(1) 编制确认长期股权投资的分录。

(2) 编制合并日的调整分录与抵销分录。

(3) 填写如表 3-19 所示的合并工作底稿。

(4) 编制 2017 年 6 月 30 日的合并资产负债表。

表 3-19 合并工作底稿 单位:万元

项目	个别报表		调整和抵销分录		合并金额
	大新科技	胜华软件	借方	贷方	
流动资产					
货币资金					
交易性金融资产					
应收账款					
预付账款					
存货					
一年内到期的非流动资产					
其他流动资产					
流动资产合计					
非流动资产					
债权投资					
长期应收款					
长期股权投资					
投资性房地产					
固定资产					
在建工程					
固定资产清理					
无形资产					
商誉					
长期待摊费用					
其他非流动资产					
非流动资产合计					
资产合计					
流动负债					
短期借款					
交易性金融负债					
应付账款					
应付票据					
预收账款					
应付职工薪酬					
应交税费					
应付利息					
应付股利					
其他流动负债					

续表

项目	个别报表		调整和抵销分录		合并金额
	大新科技	胜华软件	借方	贷方	
流动负债合计					
非流动负债					
长期借款					
应付债券					
长期应付款					
预计负债					
递延所得税负债					
非流动负债合计					
负债合计					
股东权益					
股本					
其他权益工具					
资本公积					
盈余公积					
未分配利润					
股东权益合计					
负债和股东权益合计					

【案例分析】

(1) 大新科技有限公司在其个别报表中确认长期股权投资

借：长期股权投资——胜华软件有限公司　　15 000
　　贷：银行存款　　　　　　　　　　　　　　　　　15 000

(2) 编制合并日的调整分录与抵销分录

大新科技有限公司持有的长期股权投资与胜华软件有限公司所有者权益抵销。

借：股本　　　　　　　　　　　　10 000
　　资本公积　　　　　　　　　　 1 000
　　盈余公积　　　　　　　　　　 1 200
　　未分配利润　　　　　　　　　 2 000
　　商誉　　　　　　　　　　　　　 800
　　贷：长期股权投资　　　　　　　　　　15 000

(3) 填写合并工作底稿，如表3-20所示。

表 3-20　合并工作底稿　　　　　　　　　　　　　单位：万元

项目	个别报表		调整和抵销分录		合并金额
	大新科技	胜华软件	借方	贷方	
流动资产					
货币资金	6 000	200			6 200

续表

项 目	个别报表		调整和抵销分录		合并金额
	大新科技	胜华软件	借方	贷方	
交易性金融资产	7 000				7 000
应收账款	14 000	100			14 100
预付账款	10 000	800			10 800
存货	18 000	1 000			19 000
一年内到期的非流动资产					10 000
其他流动资产					0
流动资产合计	55 000	2 100			0
非流动资产					67 100
债权投资	10 000				
长期应收款	12 000	2 000			14 000
长期股权投资	15 000			15 000	0
投资性房地产					0
固定资产	55 000	12 900			67 900
在建工程					0
固定资产清理					0
无形资产	5 000	5 000			10 000
商誉			800		800
长期待摊费用					0
其他非流动资产					0
非流动资产合计	82 000	19 900			91 900
资产合计	137 000	22 000	800	15 000	144 800
流动负债					
短期借款	6 000	1 000			7 000
交易性金融负债					0
应付账款	11 000	2 000			13 000
应付票据	1 000	500			1 500
预收账款	2 000				2 000
应付职工薪酬	10 000	1 000			11 000
应交税费	4 000	500			4 500
应付利息	1 000	500			1 500
应付股利					0
其他流动负债					0
流动负债合计	35 000	5 500			40 500
非流动负债					
长期借款	7 000	2 000			9 000
应付债券					0
长期应付款					0
预计负债					0
递延所得税负债	3 000	300			3 300

续表

项　　目	个别报表		调整和抵销分录		合并金额
	大新科技	胜华软件	借方	贷方	
非流动负债合计	10 000	2 300			12 300
负债合计	45 000	7 800			52 800
股东权益					
股本	63 000	10 000	10 000		63 000
其他权益工具					0
资本公积	7 000	1 000	1 000		7 000
盈余公积	8 000	1 200	1 200		8 000
未分配利润	14 000	2 000	2 000		14 000
股东权益合计	92 000	14 200	14 200		92 000
负债和股东权益合计	137 000	22 000	14 200		144 800

（4）编制 2017 年 6 月 30 日的合并资产负债表，如表 3-21 所示。

表 3-21　合并资产负债表

编制单位：大新科技有限公司　　　　2017 年 6 月 30 日　　　　　　　　　单位：万元

资产	期末余额	期初余额	负债和股东权益合计	期末余额	期初余额
流动资产			流动负债		
货币资金	6 200		短期借款	7 000	
交易性金融资产	7 000		交易性金融负债	0	
应收账款	14 100		应付账款	13 000	
预付账款	10 800		应付票据	1 500	
存货	19 000		预收账款	2 000	
一年内到期的非流动资产	0		应付职工薪酬	11 000	
其他流动资产	0		应交税费	4 500	
流动资产合计	57 100		应付利息	1 500	
非流动资产			应付股利	0	
债权投资	10 000		其他流动负债	0	
长期应收款	14 000		流动负债合计	40 500	
长期股权投资	0		非流动负债		
投资性房地产	0		长期借款	9 000	
固定资产	67 900		应付债券	0	
在建工程	0		长期应付款	0	
固定资产清理	0		预计负债	0	
无形资产	10 000		递延所得税负债	3 300	
商誉	800		非流动负债合计	12 300	
长期待摊费用	0		负债合计	52 800	
其他非流动资产	0		股东权益		
非流动资产合计	101 900		股本	63 000	

续表

资　产	期末余额	期初余额	负债和股东权益合计	期末余额	期初余额
			其他权益工具	0	
			资本公积	7 000	
			盈余公积	8 000	
			未分配利润	14 000	
			股东权益合计	92 000	
资产合计	144 800		负债和股东权益合计	144 800	

2. 非同一控制下企业合并——全资子公司（发生增值）

假设：2017 年 6 月 30 日，大新科技以现金 15 000 元购买了胜华软件 100%的股权，胜华软件成为大新科技的全资子公司。经评估合并日胜华软件存货发生增值 200 万元，办公用的一栋办公大楼增值 400 万元。

大新科技有限公司和胜华软件有限公司 2017 年 6 月 30 日的资产负债表如表 3-17 与表 3-18 所示。

要求：(1) 编制确认长期股权投资的分录。

(2) 编制合并日的调整分录与抵销分录。

(3) 填写合并工作底稿。

(4) 编制 2017 年 6 月 30 日的合并资产负债表。

【案例分析】

(1) 大新科技有限公司在其个别报表中确认长期股权投资

借：长期股权投资——胜华软件有限公司　　　　15 000

　　贷：银行存款　　　　　　　　　　　　　　　　　　15 000

(2) 编制合并日的调整分录与抵销分录

按公允价值调整胜华软件有限公司报表项目：

借：固定资产　　　　　　　　　　　　　　　　400

　　存货　　　　　　　　　　　　　　　　　　200

　　贷：资本公积　　　　　　　　　　　　　　　　　　600

大新科技有限公司持有的长期股权投资与胜华软件有限公司所有者权益抵销。

借：股本　　　　　　　　　　　　　　　　　　10 000

　　资本公积　　　　　　　　　　　　　　　　1 600

　　盈余公积　　　　　　　　　　　　　　　　1 200

　　未分配利润　　　　　　　　　　　　　　　2 000

　　商誉　　　　　　　　　　　　　　　　　　200

　　贷：长期股权投资　　　　　　　　　　　　　　　　15 000

(3)填写合并工作底稿,如表 3-22 所示。

表 3-22 合并工作底稿　　　　　单位:万元

项　　目	个别报表		调整和抵销分录		合并金额
	大新科技	胜华软件	借方	贷方	
流动资产					
货币资金	6 000	200			6 200
交易性金融资产	7 000				7 000
应收账款	14 000	100			14 100
预付账款	10 000	800			10 800
存货	18 000	1 000	200		19 200
一年内到期的非流动资产					10 000
其他流动资产					
流动资产合计	55 000	2 100			67 100
非流动资产					
债权投资	10 000				
长期应收款	12 000	2 000			14 000
长期股权投资	15 000			15 000	—
投资性房地产					
固定资产	55 000	12 900	400		68 300
在建工程					
固定资产清理					
无形资产	5 000	5 000			10 000
商誉			200		200
长期待摊费用					
其他非流动资产					
非流动资产合计	82 000	19 900			91 900
资产合计	137 000	22 000	800	15 000	144 800
流动负债					
短期借款	6 000	1 000			7 000
交易性金融负债					
应付账款	11 000	2 000			13 000
应付票据	1 000	500			1 500
预收账款	2 000				2 000
应付职工薪酬	10 000	1 000			11 000
应交税费	4 000	500			4 500
应付利息	1 000	500			1 500
应付股利					
其他流动负债					
流动负债合计	35 000	5 500			40 500
非流动负债					
长期借款	7 000	2 000			9 000
应付债券					

续表

项 目	个别报表		调整和抵销分录		合并金额
	大新科技	胜华软件	借方	贷方	
长期应付款					
预计负债					
递延所得税负债	3 000	300			3 300
非流动负债合计	10 000	2 300			12 300
负债合计	45 000	7 800			52 800
股东权益					
股本	63 000	10 000	10 000		63 000
其他权益工具					
资本公积	7 000	1 000	1 600	600	7 000
盈余公积	8 000	1 200	1 200		8 000
未分配利润	14 000	2 000	2 000		14 000
股东权益合计	92 000	14 200	14 800	600	92 000
负债和股东权益合计	137 000	22 000	14 800	600	144 800

(4) 编制 2017 年 6 月 30 日的合并资产负债表,如表 3-23 所示。

表 3-23 合并资产负债表

编制单位:大新科技有限公司　　　　　2017 年 6 月 30 日　　　　　单位:万元

资　产	期末余额	期初余额	负债和股东权益合计	期末余额	期初余额
流动资产			流动负债		
货币资金	6 200		短期借款	7 000	
交易性金融资产	7 000		交易性金融负债		
应收账款	14 100		应付账款	13 000	
预付账款	10 800		应付票据	1 500	
存货	19 200		预收账款	2 000	
一年内到期的非流动资产			应付职工薪酬	11 000	
其他流动资产			应交税费	4 500	
流动资产合计	57 100		应付利息	1 500	
非流动资产			应付股利		
债权投资	10 000		其他流动负债		
长期应收款	14 000		流动负债合计	40 500	
长期股权投资	—		非流动负债		
投资性房地产			长期借款	9 000	
固定资产	68 300		应付债券		
在建工程			长期应付款		
固定资产清理			预计负债		
无形资产	10 000		递延所得税负债	3 300	
商誉	200		非流动负债合计	12 300	

续表

资　产	期末余额	期初余额	负债和股东权益合计	期末余额	期初余额
长期待摊费用			负债合计	52 800	
其他非流动资产			股东权益		
非流动资产合计	101 900		股本	63 000	
			其他权益工具		
			资本公积	7 000	
			盈余公积	8 000	
			未分配利润	14 000	
			股东权益合计	92 000	
资产合计	144 800		负债和股东权益合计	144 800	

3.5　实　训　活　动

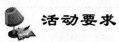

活动要求

1. 同一控制下与非同一控制下企业合并，合并日合并调整与抵销分录的编制。
2. 同一控制下与非同一控制下企业合并，合并日合并工作底稿的填制。
3. 同一控制下与非同一控制下企业合并，合并日合并报表的填制。

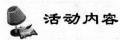

活动内容

实训一

大新科技有限公司与胜华软件有限公司的背景介绍见案例，大新科技有限公司与胜华软件有限公司2017年6月30日的资产负债表如表3-24与表3-25所示。

表3-24　资产负债表

编制单位：大新科技有限公司　　　　　2017年6月30日　　　　　　　　单位：万元

资　产	期末余额	期初余额	负债和所有者权益	期末余额	期初余额
流动资产			流动负债		
货币资金	6 000	5 000	短期借款	6 000	5 000
交易性金融资产	7 000	8 000	交易性金融负债		
应收账款	14 000	12 000	应付账款	11 000	12 000
预付账款	10 000	12 000	应付票据	1 000	900
存货	18 000	17 000	预收账款	2 000	2 100
一年内到期的非流动资产			应付职工薪酬	10 000	8 000
其他流动资产			应交税费	4 000	6 000

续表

资产	期末余额	期初余额	负债和所有者权益	期末余额	期初余额
流动资产合计	55 000	54 000	应付利息	1 000	1 100
非流动资产			应付股利		
债权投资	10 000	10 000	其他流动负债		
长期应收款	12 000	13 000	流动负债合计	35 000	36 000
长期股权投资	14 000		非流动负债		
投资性房地产			长期借款	7 000	6 500
固定资产	41 000	55 000	应付债券		
在建工程			长期应付款		
固定资产清理			预计负债		
无形资产	5 000	5 000	递延所得税负债	3 000	3 500
商誉			非流动负债合计	10 000	10 000
长期待摊费用			负债合计	45 000	45 000
其他非流动资产			股东权益		
非流动资产合计	82 000	83 000	股本	63 000	63 000
			其他权益工具		
			资本公积	7 000	7 000
			盈余公积	8 000	7 000
			未分配利润	14 000	15 000
			股东权益合计	92 000	92 000
资产合计	137 000	137 000	负债和股东权益合计	137 000	137 000

表 3-25 资产负债表

编制单位：胜华软件有限公司　　　2017 年 6 月 30 日　　　　　　　　单位：万元

资产	期末余额	期初余额	负债和所有者权益	期末余额	期初余额
流动资产			流动资产		
货币资金	200	200	短期借款	1 000	1 000
交易性金融资产			交易性金融负债		
应收账款	100	200	应付账款	2 000	3 000
预付账款	800	700	应付票据	500	400
存货	1 000	1 200	预收账款		
一年内到期的非流动资产			应付职工薪酬	1 000	900
其他流动资产			应交税费	500	300
流动资产合计	2 100	2 300	应付利息	500	400
非流动资产			应付股利		
债权投资			其他流动负债		
长期应收款	2 000	3 000	流动负债合计	5 500	6 000
长期股权投资			非流动负债		
投资性房地产			长期借款	2 000	2 000
固定资产	12 900	12 700	应付债券		

续表

资　产	期末余额	期初余额	负债和所有者权益	期末余额	期初余额
在建工程			长期应付款		
固定资产清理			预计负债		
无形资产	5 000	5 000	递延所得税负债	300	400
商誉			其非流动负债合计	2 300	2 400
长期待摊费用			负债合计	7 800	8 400
其他非流动资产			股东权益		
非流动资产合计	19 900	20 700	股本	10 000	10 000
			其他权益工具		
			资本公积	1 000	1 000
			盈余公积	1 200	1 100
			未分配利润	2 000	2 500
			股东权益合计	14 200	14 600
资产合计	22 000	23 000	负债和股东权益合计	22 000	23 000

假设：2017年6月30日，假设大新科技以现金14 000元购买了胜华软件100%的股权，胜华软件成为大新科技的全资子公司。经评估合并日胜华软件存货发生增值200万元，办公用的一栋办公大楼增值400万元。

要求：（1）编制确认长期股权投资的分录。

（2）编制合并日的调整分录与抵销分录。

（3）填写如表3-26所示的合并工作底稿。

（4）编制2017年6月30日的合并资产负债表。

表3-26　合并工作底稿　　　　　　　　　　　　　　　单位：万元

项　目	个别报表		调整和抵销分录		合并金额
	大新科技	胜华软件	借方	贷方	
流动资产					
货币资金					
交易性金融资产					
应收账款					
预付账款					
存货					
持有至到期投资					
一年内到期的非流动资产					
其他流动资产					
流动资产合计					
非流动资产					
长期应收款					
长期股权投资					
投资性房地产					

续表

项 目	个别报表		调整和抵销分录		合并金额
	大新科技	胜华软件	借方	贷方	
固定资产					
在建工程					
固定资产清理					
无形资产					
商誉					
长期待摊费用					
其他非流动资产					
非流动资产合计					
资产合计					
流动负债					
短期借款					
交易性金融负债					
应付账款					
应付票据					
预收账款					
应付职工薪酬					
应交税费					
应付利息					
应付股利					
其他流动负债					
流动负债合计					
非流动负债					
长期借款					
应付债券					
长期应付款					
预计负债					
递延所得税负债					
非流动负债合计					
负债合计					
股东权益					
股本					
其他权益工具					
资本公积					
盈余公积					
未分配利润					
股东权益合计					
负债和股东权益合计					

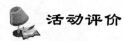 活动评价

【答案】

(1) 编制确认长期股权投资的分录

借：长期股权投资——胜华软件有限公司　　14 000
　　贷：银行存款　　　　　　　　　　　　　　　　　14 000

(2) 编制合并日的调整分录与抵销分录

按公允价值调整胜华软件有限公司报表项目：

借：固定资产　　　　　　　　　　400
　　存货　　　　　　　　　　　　200
　　贷：资本公积　　　　　　　　　　　　600

大新科技有限公司持有的长期股权投资与胜华软件有限公司所有者权益抵销：

借：股本　　　　　　　　　　　　10 000
　　资本公积　　　　　　　　　　1 600
　　盈余公积　　　　　　　　　　1 200
　　未分配利润　　　　　　　　　2 000
　　贷：长期股权投资　　　　　　　　　　14 000
　　　　未分配利润　　　　　　　　　　　800

(3) 填写合并工作底稿，如表 3-27 所示。

表 3-27　合并工作底稿　　　　　　　　　　　　　单位：万元

项目	个别报表		调整和抵销分录		合并金额
	大新科技	胜华软件	借方	贷方	
流动资产					
货币资金	6 000	200			6 200
交易性金融资产	7 000				7 000
应收账款	14 000	100			14 100
预付账款	10 000	800			10 800
存货	18 000	1 000	200		19 200
一年内到期的非流动资产					10 000
其他流动资产					—
流动资产合计	55 000	2 100			—
非流动资产			200		67 300
债权投资	10 000				—
长期应收款	12 000	2 000			14 000
长期股权投资	14 000			14 000	
投资性房地产					—
固定资产	55 000	12 900	400		68 300

续表

项　目	个别报表		调整和抵销分录		合并金额
	大新科技	胜华软件	借方	贷方	
在建工程					—
固定资产清理					—
无形资产	5 000	5 000			10 000
商誉					—
长期待摊费用					—
其他非流动资产					
非流动资产合计	82 000	19 900	400	14 000	78 300
资产合计	137 000	22 000	600	14 000	145 600
流动负债					
短期借款	6 000	1 000			7 000
交易性金融负债					—
应付账款	11 000	2 000			13 000
应付票据	1 000	500			1 500
预收账款	2 000				2 000
应付职工薪酬	10 000	1 000			11 000
应交税费	4 000	500			4 500
应付利息	1 000	500			1 500
应付股利					—
其他流动负债					
流动负债合计	35 000	5 500			40 500
非流动负债					
长期借款	7 000	2 000			9 000
应付债券					
长期应付款					
预计负债					
递延所得税负债	3 000	300			3 300
非流动负债合计	10 000	2 300			12 300
负债合计	45 000	7 800			52 800
股东权益					—
股本	63 000	10 000	10 000		63 000
其他权益工具					—
资本公积	7 000	1 000	1 600	600	7 000
盈余公积	8 000	1 200	1 200		8 000
未分配利润	14 000	2 000	2 000	800	14 800
股东权益合计	92 000	14 200	14 800	1 400	92 800
负债和股东权益合计	137 000	22 000	14 800	1 400	145 600

(4) 编制 2017 年 6 月 30 日的合并资产负债表,如表 3-28 所示。

表 3-28　合并资产负债表

编制单位:大新科技有限公司　　　　　　2017 年 6 月 30 日　　　　　　　　　单位:万元

资　产	期末余额	期初余额	负债和所有者权益	期末余额	期初余额
流动资产			流动负债		
货币资金	6 200		短期借款	7 000	
交易性金融资产	7 000		交易性金融负债		
应收账款	14 100		应付账款	13 000	
预付账款	10 800		应付票据	1 500	
存货	19 200		预收账款	2 000	
一年内到期的非流动资产			应付职工薪酬	11 000	
其他流动资产			应交税费	4 500	
流动资产合计	57 300		应付利息	1 500	
非流动资产			应付股利		
债权投资	10 000		其他流动负债		
长期应收款	14 000		流动负债合计	40 500	
长期股权投资	—		非流动负债		
投资性房地产			长期借款	9 000	
固定资产	68 300		应付债券		
在建工程			长期应付款		
固定资产清理			预计负债		
无形资产	10 000		递延所得税负债	3 300	
商誉			非流动负债合计	12 300	
长期待摊费用			负债合计	52 800	
其他非流动资产			股东权益		
非流动资产合计	88 300		股本	63 000	
			其他权益工具		
			资本公积	7 000	
			盈余公积	8 000	
			未分配利润	14 800	
			股东权益合计	92 800	
资产合计	145 600		负债和股东权益合计	145 600	

实训二

双复股份有限公司于 1998 年成立,是一家大型企业集团,从事电脑系统、自动化仪表、生物技术、光源照明等产品的研制。宝科股份有限公司 2004 年成立,是一家高科技企业,从事新材料、新能源材料等高新技术产业项目的投资及经营,现代生物医药项目的投资及经营等业务。两家公司未受同一方或相同多方最终控制。

假设：2017年6月30日，假设双复股份有限公司以现金7 100元购买了宝科股份90%的股权，宝科股份成为双复股份的子公司。经评估合并日宝科股份各项可辨认资产、负债公允价值与账面价值相等。

双复股份有限公司和宝科股份有限公司2017年6月30日的资产负债表如表3-29与表3-30所示。

表3-29 资产负债表

编制单位：双复股份有限公司　　　　2017年6月30日　　　　　　　　　单位：万元

资产	期末余额	期初余额	负债和所有者权益	期末余额	期初余额
流动资产			流动负债		
货币资金	3 000	2 500	短期借款	3 000	2 500
交易性金融资产	3 500	4 000	交易性金融负债		
应收账款	7 000	6 000	应付账款	5 500	6 000
预付账款	5 000	6 000	应付票据	500	450
存货	9 000	8 500	预收账款	1 000	1 050
一年内到期的非流动资产			应付职工薪酬	5 000	4 000
其他流动资产			应交税费	2 000	3 000
流动资产合计	27 500	27 000	应付利息	500	550
非流动资产			应付股利		
债权投资	5 000	5 000	其他流动负债		
长期应收款	6 000	6 500	流动负债合计	17 500	18 000
长期股权投资	7 100		非流动负债		
投资性房地产			长期借款	3 500	3 250
固定资产	20 400	27 500	应付债券		
在建工程			长期应付款		
固定资产清理			预计负债		
无形资产	2 500	2 500	递延所得税负债	1 500	1 750
商誉			非流动负债合计	5 000	5 000
长期待摊费用			负债合计	22 500	22 500
其他非流动资产			股东权益		
非流动资产合计	41 000	41 500	股本	31 500	31 500
			其他权益工具		
			资本公积	3 500	3 500
			盈余公积	4 000	3 500
			未分配利润	7 000	7 500
			股东权益合计	46 000	46 000
资产合计	68 500	68 500	负债和股东权益合计	68 500	68 500

表 3-30 资产负债表

编制单位：宝科股份有限公司　　　　　　2017 年 6 月 30 日　　　　　　　　　　　　单位：万元

资　　产	期末余额	期初余额	负债和所有者权益	期末余额	期初余额
流动资产			流动资产		
货币资金	100	100	短期借款	500	500
交易性金融资产			交易性金融负债		
应收账款	50	100	应付账款	1 000	1 500
预付账款	400	350	应付票据	250	200
存货	500	600	预收账款		
一年内到期的非流动资产			应付职工薪酬	500	450
其他流动资产			应交税费	250	150
流动资产合计	1 050	1 150	应付利息	250	200
非流动资产			应付股利		
债权投资			其他流动负债		
长期应收款	1 000	1 500	流动负债合计	2 750	3 000
长期股权投资			非流动负债		
投资性房地产			长期借款	1 000	1 000
固定资产	6 450	6 350	应付债券		
在建工程			长期应付款		
固定资产清理			预计负债		
无形资产	2 500	2 500	递延所得税负债	150	200
商誉			其非流动负债合计	1 150	1 200
长期待摊费用			负债合计	3 900	4 200
其他非流动资产			股东权益		
非流动资产合计	9 950	10 350	股本	5 000	5 000
			其他权益工具		
			资本公积	500	500
			盈余公积	600	550
			未分配利润	1 000	1 250
			股东权益合计	7 100	7 300
资产合计	11 000	11 500	负债和股东权益合计	11 000	11 500

要求：(1) 编制确认长期股权投资的分录。

(2) 编制合并日的调整分录与抵销分录。

(3) 填写如表 3-31 所示的合并工作底稿。

(4) 编制 2017 年 6 月 30 日的合并资产负债表。

表 3-31 合并工作底稿　　　　　　　　　　　　　　　　单位：万元

项目	个别报表		调整和抵销分录		合并金额
	双复股份	宝科股份	借方	贷方	
（资产负债表项目）					
流动资产					
货币资金					
交易性金融资产					
应收账款					
预付账款					
存货					
持有至到期投资					
一年内到期的非流动资产					
其他流动资产					
流动资产合计					
非流动资产					
长期应收款					
长期股权投资					
投资性房地产					
固定资产					
在建工程					
固定资产清理					
无形资产					
商誉					
长期待摊费用					
其他非流动资产					
非流动资产合计					
资产合计					
流动负债					
短期借款					
交易性金融负债					
应付账款					
应付票据					
预收账款					
应付职工薪酬					
应交税费					
应付利息					
应付股利					
其他流动负债					
流动负债合计					

续表

项　目	个别报表		调整和抵销分录		合并金额
	双复股份	宝科股份	借方	贷方	
非流动负债					
长期借款					
应付债券					
长期应付款					
预计负债					
递延所得税负债					
非流动负债合计					
负债合计					
股东权益					
股本					
其他权益工具					
资本公积					
盈余公积					
未分配利润					
母公司股东权益合计					
少数股东权益合计					
负债和股东权益合计					

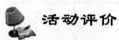 活动评价

【答案】

(1) 编制确认长期股权投资的分录

借：长期股权投资——宝科股份　　　　　　　7 100

　　贷：银行存款　　　　　　　　　　　　　　　　　　7 100

(2) 编制合并日的调整分录与抵销分录

双复股份有限公司持有的长期股权投资与宝科股份有限公司所有者权益抵销：

借：股本　　　　　　　　　　　　　　　　　　5 000

　　资本公积　　　　　　　　　　　　　　　　　500

　　盈余公积　　　　　　　　　　　　　　　　　600

　　未分配利润　　　　　　　　　　　　　　　1 000

　　商誉　　　　　　　　　　　　　　　　　　　710

　　贷：长期股权投资　　　　　　　　　　　　　　　　7 100

　　　　少数股东权益　　　　　　　　　　　　　　　　　710

(3) 填写合并工作底稿，如表 3-32 所示

表 3-32 合并工作底稿　　　　　　　　　　　　　　　单位：万元

项　目	个别报表		调整和抵销分录		合并金额
	双复股份	宝科股份	借方	贷方	
(资产负债表项目)					
流动资产					
货币资金	3 000	100			3 100
交易性金融资产	3 500				3 500
应收账款	7 000	50			7 050
预付账款	5 000	400			5 400
存货	9 000	500			9 500
一年内到期的非流动资产					5 000
其他流动资产					
流动资产合计	27 500	1 050			
非流动资产					33 550
债权投资	5 000				
长期应收款	6 000	1 000			7 000
长期股权投资	7 100			7 100	—
投资性房地产					
固定资产	20 400	6 450			26 850
在建工程					
固定资产清理					
无形资产	2 500	2 500			5 000
商誉			710		710
长期待摊费用					
其他非流动资产					
非流动资产合计	41 000	9 950	710	7 100	39 560
资产合计	68 500	11 000	710	7 100	73 110
流动负债					
短期借款	3 000	500			3 500
交易性金融负债					
应付账款	5 500	1 000			6 500
应付票据	500	250			750
预收账款	1 000				1 000
应付职工薪酬	5 000	500			5 500
应交税费	2 000	250			2 250
应付利息	500	250			750
应付股利					
其他流动负债					
流动负债合计	17 500	2 750			20 250
非流动负债					
长期借款	3 500	1 000			4 500
应付债券					

续表

项 目	个别报表		调整和抵销分录		合并金额
	双复股份	宝科股份	借方	贷方	
长期应付款					
预计负债					
递延所得税负债	1 500	150			1 650
非流动负债合计	5 000	1 150			6 150
负债合计	22 500	3 900			26 400
股东权益					
股本	31 500	5 000	5 000		31 500
其他权益工具					
资本公积	3 500	500	500		3 500
盈余公积	4 000	600	600		4 000
未分配利润	7 000	1 000	1 000		7 000
母公司股东权益合计	46 000	7 100	7 100		46 000
少数股东权益合计				710	710
负债和股东权益合计	68 500	11 000	7 100	710	73 110

(4) 编制合并资产负债表,如表 3-33 所示

表 3-33 合并资产负债表　　　　　　　　　单位:万元

资　产	期末余额	期初余额	负债和所有者权益	期末余额	期初余额
流动资产			流动负债		
货币资金	3 100		短期借款	3 500	
交易性金融资产	3 500		交易性金融负债		
应收账款	7 050		应付账款	6 500	
预付账款	5 400		应付票据	750	
存货	9 500		预收账款	1 000	
一年内到期的非流动资产			应付职工薪酬	5 500	
其他流动资产			应交税费	2 250	
流动资产合计	28 550		应付利息	750	
非流动资产			应付股利		
债权投资	5 000		其他流动负债		
长期应收款	7 000		流动负债合计	20 250	
长期股权投资	—		非流动负债		
投资性房地产			长期借款	4 500	
固定资产	26 850		应付债券		
在建工程			长期应付款		
固定资产清理			预计负债		
无形资产	5 000		递延所得税负债	1 650	
商誉	710		非流动负债合计	6 150	

续表

资产	期末余额	期初余额	负债和所有者权益	期末余额	期初余额
长期待摊费用			负债合计	26 400	
其他非流动资产			股东权益		
非流动资产合计	44 560		股本	31 500	
			其他权益工具		
			资本公积	3 500	
			盈余公积	4 000	
			未分配利润	7 000	
			母公司股东权益合计	46 000	
			少数股东权益合计	710	
资产合计	73 110		负债和股东权益合计	73 110	

3.6 合并日合并报表编制实训练习

实训练习一：非同一控制下企业合并——非全资子公司

双复股份与宝科股份的资料见实训，双复股份有限公司和宝科股份有限公司2017年6月30日的资产负债表如表3-34与表3-35所示。

表3-34 资产负债表

编制单位：双复股份有限公司　　　2017年6月30日　　　　　　　　　　单位：万元

资产	期末余额	期初余额	负债和所有者权益	期末余额	期初余额
流动资产			流动负债		
货币资金	3 000	2 500	短期借款	3 000	2 500
交易性金融资产	3 500	4 000	交易性金融负债		
应收账款	7 000	6 000	应付账款	5 500	6 000
预付账款	5 000	6 000	应付票据	500	450
存货	9 000	8 500	预收账款	1 000	1 050
一年内到期的非流动资产			应付职工薪酬	5 000	4 000
其他流动资产			应交税费	2 000	3 000
流动资产合计	27 500	27 000	应付利息	500	550
非流动资产			应付股利		
债权投资	5 000	5 000	其他流动负债		
长期应收款	6 000	6 500	流动负债合计	17 500	18 000
长期股权投资	7 100		非流动负债		
投资性房地产			长期借款	3 500	3 250
固定资产	20 400	27 500	应付债券		

续表

资　　产	期末余额	期初余额	负债和所有者权益	期末余额	期初余额
在建工程			长期应付款		
固定资产清理			预计负债		
无形资产	2 500	2 500	递延所得税负债	1 500	1 750
商誉			非流动负债合计	5 000	5 000
长期待摊费用			负债合计	22 500	22 500
其他非流动资产			股东权益		
非流动资产合计	41 000	41 500	股本	31 500	31 500
			其他权益工具		
			资本公积	3 500	3 500
			盈余公积	4 000	3 500
			未分配利润	7 000	7 500
			股东权益合计	46 000	46 000
资产合计	68 500	68 500	负债和股东权益合计	68 500	68 500

表 3-35　资产负债表

编制单位：宝科股份有限公司　　　　　2017 年 6 月 30 日　　　　　　　　　单位：万元

资　　产	期末余额	期初余额	负债和所有者权益	期末余额	期初余额
流动资产			流动资产		
货币资金	100	100	短期借款	500	500
交易性金融资产			交易性金融负债		
应收账款	50	100	应付账款	1 000	1 500
预付账款	400	350	应付票据	250	200
存货	500	600	预收账款		
一年内到期的非流动资产			应付职工薪酬	500	450
其他流动资产			应交税费	250	150
流动资产合计	1 050	1 150	应付利息	250	200
非流动资产			应付股利		
债权投资			其他流动负债		
长期应收款	1 000	1 500	流动负债合计	2 750	3 000
长期股权投资			非流动负债		
投资性房地产			长期借款	1 000	1 000
固定资产	6 450	6 350	应付债券		
在建工程			长期应付款		
固定资产清理			预计负债		
无形资产	2 500	2 500	递延所得税负债	150	200
商誉			其非流动负债合计	1 150	1 200
长期待摊费用			负债合计	3 900	4 200
其他非流动资产			股东权益		
非流动资产合计	9 950	10 350	股本	5 000	5 000

续表

资产	期末余额	期初余额	负债和所有者权益	期末余额	期初余额
			其他权益工具		
			资本公积	500	500
			盈余公积	600	550
			未分配利润	1 000	1 250
			股东权益合计	7 100	7 300
资产合计	11 000	11 500	负债和股东权益合计	11 000	11 500

假设：2017年6月30日，假设双复股份以现金7 100元购买了宝科股份90%的股权，宝科股份成为双复股份的非全资子公司。经评估合并日宝科股份存货发生增值50万元，办公用的一栋办公大楼增值200万元。

要求：（1）编制确认长期股权投资的分录。

（2）编制合并日的调整分录与抵销分录。

（3）填写如表3-36所示的合并工作底稿。

（4）编制2017年6月30日的合并资产负债表。

表3-36 合并工作底稿 单位：万元

项目	个别报表		调整和抵销分录		合并金额
	双复股份	宝科股份	借方	贷方	
（资产负债表项目）					
流动资产					
货币资金					
交易性金融资产					
应收账款					
预付账款					
存货					
一年内到期的非流动资产					
其他流动资产					
流动资产合计					
非流动资产					
长期应收款					
长期股权投资					
投资性房地产					
固定资产					
在建工程					
固定资产清理					
无形资产					
商誉					
长期待摊费用					
其他非流动资产					

续表

项 目	个别报表		调整和抵销分录		合并金额
	双复股份	宝科股份	借方	贷方	
非流动资产合计					
资产合计					
流动负债					
短期借款					
交易性金融负债					
应付账款					
应付票据					
预收账款					
应付职工薪酬					
应交税费					
应付利息					
应付股利					
其他流动负债					
流动负债合计					
非流动负债					
长期借款					
应付债券					
长期应付款					
预计负债					
递延所得税负债					
非流动负债合计					
负债合计					
股东权益					
股本					
其他权益工具					
资本公积					
盈余公积					
未分配利润					
母股东权益合计					
少数股东权益					
负债和股东权益合计					

实训练习二：非同一控制下企业合并——全资子公司

假设：2017年6月30日，假设双复股份有限公司以现金6 500元购买了宝科股份100%的股权，宝科股份成为双复股份的全资子公司。经评估合并日宝科股份存货发生增值50万元，办公用的一栋办公大楼增值200万元。

宝科股份有限公司2017年6月30日的资产负债表如表3-35所示，双复股份有限公司2017年6月30日的资产负债表如表3-37所示。

表 3-37 资产负债表

编制单位：双复股份有限公司　　　　2017 年 6 月 30 日　　　　　　　　　单位：万元

资产	期末余额	期初余额	负债和所有者权益	期末余额	期初余额
流动资产			流动负债		
货币资金	3 000	2 500	短期借款	3 000	2 500
交易性金融资产	3 500	4 000	交易性金融负债		
应收账款	7 000	6 000	应付账款	5 500	6 000
预付账款	5 000	6 000	应付票据	500	450
存货	9 000	8 500	预收账款	1 000	1 050
一年内到期的非流动资产			应付职工薪酬	5 000	4 000
其他流动资产			应交税费	2 000	3 000
流动资产合计	27 500	27 000	应付利息	500	550
非流动资产			应付股利		
债权投资	5 000	5 000	其他流动负债		
长期应收款	6 600	6 500	流动负债合计	17 500	18 000
长期股权投资	6 500		非流动负债		
投资性房地产			长期借款	3 500	3 250
固定资产	20 400	27 500	应付债券		
在建工程			长期应付款		
固定资产清理			预计负债		
无形资产	2 500	2 500	递延所得税负债	1 500	1 750
商誉			非流动负债合计	5 000	5 000
长期待摊费用			负债合计	22 500	22 500
其他非流动资产			股东权益		
非流动资产合计	41 000	41 500	股本	31 500	31 500
			其他权益工具		
			资本公积	3 500	3 500
			盈余公积	4 000	3 500
			未分配利润	7 000	7 500
			股东权益合计	46 000	46 000
资产合计	68 500	68 500	负债和股东权益合计	68 500	68 500

要求：(1) 编制确认长期股权投资的分录。

(2) 编制合并日的调整分录与抵销分录。

(3) 填写如表 3-38 所示的合并工作底稿。

(4) 编制 2017 年 6 月 30 日的合并资产负债表。

表 3-38 合并工作底稿　　　　　　单位：万元

项　目	个别报表		调整和抵销分录		合并金额
	双复股份	宝科股份	借方	贷方	
（资产负债表项目）					
流动资产					
货币资金					
交易性金融资产					
应收账款					
预付账款					
存货					
一年内到期的非流动资产					
其他流动资产					
流动资产合计					
非流动资产					
长期应收款					
长期股权投资					
投资性房地产					
固定资产					
在建工程					
固定资产清理					
无形资产					
商誉					
长期待摊费用					
其他非流动资产					
非流动资产合计					
资产合计					
流动负债					
短期借款					
交易性金融负债					
应付账款					
应付票据					
预收账款					
应付职工薪酬					
应交税费					
应付利息					
应付股利					
其他流动负债					
流动负债合计					
非流动负债					
长期借款					
应付债券					
长期应付款					

续表

项目	个别报表		调整和抵销分录		合并金额
	双复股份	宝科股份	借方	贷方	
预计负债					
递延所得税负债					
非流动负债合计					
负债合计					
股东权益					
股本					
其他权益工具					
资本公积					
盈余公积					
未分配利润					
母股东权益合计					
少数股东权益					
负债和股东权益合计					

实训练习三：同一控制下企业合并——非全资子公司

合并前甲公司和乙公司为同一企业集团内的两家子公司。2017 年 1 月 1 日，甲公司通过发行 200 万股普通股（每股面值 1 元）取得乙公司 80％的股权。2017 年 1 月 1 日甲公司、乙公司所有者权益构成如表 3-39 所示。

表 3-39　合并双方合并前所有者权益情况　　　　　　　　单位：万元

甲公司		乙公司	
项目	金额	项目	金额
股本	1 000	股本	300
资本公积	300	资本公积	50
盈余公积	200	盈余公积	40
未分配利润	400	未分配利润	70
股东权益合计	1 900	股东权益合计	460

要求：（1）编制母公司个体确认长期股权投资的分录。

（2）请根据以上材料完成 2017 年合并日的相关会计处理。

合并日合并报表编制实训练习答案

本章小结

关于少数股东权益的确认,当子公司为母公司的非全资子公司时,将母公司对子公司的股权投资余额与子公司股东权益份额相抵销之后,应将子公司股东权益中少数股东拥有的份额确认为少数股东权益并单独报告。对于同一控制下企业合并,少数股东权益为子公司所有者权益的账面价值与少数股东持股比例的乘积。对于非同一控制下企业合并,少数股东权益为按照子公司净资产的公允价值为基础进行调整后的金额,即所有者权益的公允价值与少数股东持股比例的乘积。

关于子公司可辨认净资产的报告价值,如果是同一控制下企业合并形成的母子公司关系,合并资产负债表中子公司可辨认净资产按其账面价值报告;如果是非同一控制下企业合并形成的母子公司关系,合并资产负债表中对子公司各项可辨认资产、负债,应全部按合并日的公允价值报告。

关于合并商誉,对于同一控制下企业合并形成的母子公司,不产生合并商誉。对于非同一控制下企业合并形成的母子公司,在编制合并资产负债表时,母公司资产负债表中对子公司的"长期股权投资"项目与占有的子公司资产负债表中的所有者权益份额相抵销时,如果出现借方差额计入"商誉",并在合并资产负债表中单独列示。

思考题

1. 对于非同一控制下企业合并,为什么对被合并方各项可辨认净资产以公允价值调整?

2. 对于非同一控制下企业合并,合并日为什么将合并成本小于取得净资产公允价值份额的差额计入留存收益?

3. 对于同一控制下的企业合并,为什么要恢复母公司占有的被并方的留存收益份额?

第 4 章

合并日后的合并财务报表

学习目标

1. 掌握合并日后合并财务报表的概念。
2. 掌握编制同一控制下合并日后合并财务报表的调整、抵销分录。
3. 掌握编制非同一控制下合并日后合并财务报表的调整、抵销分录。
4. 熟悉合并日后各主要合并报表的编制。

※ **本章相关的会计准则**
1. 《企业会计准则第 33 号——合并财务报表》
2. IFRS 3 Business Combinations (revised 2008)

4.1 将母子公司个别财务报表数据过入合并工作底稿

将母子公司个别报表中的数据填入合并工作底稿中各报表项目的第一列及第二列,作为编制合并工作底稿后续步骤的基础。

4.2 编制合并日后合并财务报表的调整、抵销分录,并将其过入合并工作底稿

4.2.1 同一控制下

1. 调整分录主要包括

(1) 若子公司与母公司的会计政策、会计期间及记账本位币不一致,则需统一母公司与子公司的会计政策、会计期间及记账本位币,视同母子公司作为一个整体而存在,使双方的会计信息建立在一致的基础之上,编制合并工作底稿时对母子公司的个别报表数据

进行加总计算才有意义。若子公司的会计政策、会计期间和货币计量单位与母公司相同,编制合并财务报表时则不需要此步调整处理。

(2) 将母公司对子公司长期股权投资的后续计量由成本法改为权益法。此步处理只出现在合并工作底稿中,并不改变母公司个别报表中对长期股权投资的成本法后续计量。

调整分录为：

借：长期股权投资(子公司本年净利润×母公司持股比例)
　　贷：投资收益(子公司本年净利润×母公司持股比例)
借：投资收益(子公司本年(宣告)发放现金股利×母公司持股比例)
　　贷：长期股权投资(子公司本年(宣告)发放现金股利×母公司持股比例)

2. 抵销分录主要包括

(1) 母公司长期股权投资与子公司所有者权益各项目的抵销

全资子公司情况下：

借：股本(子公司账面价值)
　　资本公积(子公司账面价值)
　　盈余公积(子公司账面价值)
　　未分配利润(子公司账面价值)
　　贷：长期股权投资(母公司在其个别报表中所确认的因该项合并所形成的长期股权投资)

非全资子公司情况下：

借：股本(子公司账面价值)
　　资本公积(子公司账面价值)
　　盈余公积(子公司账面价值)
　　未分配利润(子公司账面价值)
　　贷：长期股权投资(母公司在其个别报表中所确认的因该项合并所形成的长期股权投资)
　　　　少数股东权益(子公司净资产账面价值×少数股东持股比例)

(2) 母公司对子公司长期股权投资的投资收益与子公司利润分配各项目的抵销

全资子公司情况下：

借：投资收益(子公司本年净利润×母公司持股比例)
　　年初未分配利润(子公司账面价值)
　　贷：提取盈余公积(子公司本年提取盈余公积数)
　　　　对所有者(或股东)的分配(子公司本年(宣告)发放的现金股利)
　　　　年末未分配利润(子公司账面价值)

非全资子公司情况下：
借：投资收益（子公司本年净利润×母公司持股比例）
　　少数股东损益（子公司本年净利润×少数股东持股比例）
　　年初未分配利润（子公司账面价值）
　贷：提取盈余公积（子公司本年提取盈余公积数）
　　　对所有者（或股东）的分配（子公司本年（宣告）发放的现金股利）
　　　年末未分配利润（子公司账面价值）

4.2.2　非同一控制下

1. 调整分录主要包括

（1）按照公允价值调整子公司个别财务报表的各项资产和负债

对非同一控制下企业合并取得的子公司，需将子公司可辨认净资产按合并日公允价值为报告基础进行调整。

（2）按权益法调整对子公司的长期股权投资

长期股权投资的后续计量有权益法和成本法两种方法，根据《企业会计准则第2号——长期股权投资》，企业持有的能够对被投资单位实施控制的长期股权投资适用成本法。在编制合并财务报表时，母公司应将对长期股权投资的后续计量由成本法调整为权益法。

2. 抵销分录主要包括

（1）将母公司对子公司的长期股权投资与子公司所有者权益的抵销

在编制合并资产负债表时，母公司资产负债表中对子公司的"长期股权投资"项目与子公司资产负债表中的所有者权益项目相抵销，借方差额计入"商誉"。在母公司不是100%控股的情况下，还需要确认出少数股东权益。

（2）抵销母公司自子公司获取的投资收益与子公司利润分配

借记"投资收益""未分配利润——年初"等科目，贷记"利润分配——提取盈余公积""向股东分配利润""未分配利润——年末"，在母公司不是100%控股的情况下，还需要确认出少数股东损益。

将上述调整与抵销分录按照涉及的报表项目及借贷方向过入合并工作底稿。

4.3　计算得出各报表项目的合并数

按照各报表项目的性质，以前述已录入数据为基础，利用借贷方向计算得出最终的合并数。

4.4 编制合并资产负债表、合并利润表与合并所有者权益变动表

将上述步骤中计算得出的合并数,过入各合并财务报表。

合并资产负债表的格式与个别资产负债表的格式基本相同,主要增加了两个项目:一是在所有者权益项目下增加了"归属于母公司所有者权益合计"项目,用于反映企业集团的所有者权益中归属于母公司所有者权益的部分;二是增加了"少数股东权益"项目,用于反映非全资子公司的所有者权益中不属于母公司的份额。

合并利润表的格式与个别利润表的格式基本相同,主要增加了以下项目:一是在"净利润"下增加了"归属于母公司所有者的净利润"和"少数股东损益"两个项目,分别反映子公司净利润中由母公司所有者和非全资子公司中少数股东享有的部分;二是在"综合收益总额"项目下增加了"归属于母公司所有者的综合收益总额"和"归属于少数股东的综合收益总额"两个项目,分别反映综合收益总额中由母公司所有者享有的份额和归属于少数股东的份额。合并所有者权益变动表的格式与个别所有者权益变动表的格式基本相同。在子公司存在少数股东的情况下,合并所有者权益变动表增加"少数股东权益"栏目,用于反映少数股东权益变动的情况。

4.5 实训活动

活动要求

1. 能够完成同一控制下的企业合并,编制合并日后合并财务报表所需的调整、抵销分录。
2. 能够完成非同一控制下的企业合并,编制合并日后合并财务报表所需的调整、抵销分录。
3. 能够完成合并工作底稿的填列和计算。

活动内容

实训一:同一控制下企业合并合并日后合并财务报表的编制——全资子公司情况下

假设甲公司和乙公司同被丙公司控制且控制时间在一年以上,2017 年 1 月 1 日,甲公司发行 8 000 000 股普通股股票取得乙公司全部股权,每股面值 1 元,市价 3 元。合并前乙公司股东权益共计 10 000 000 元,其中股本 6 000 000 元,资本公积 2 000 000 元,盈余公积 1 000 000 元,未分配利润 1 000 000 元。假设甲公司和乙公司的会计期间及会计政策一致。

2017 年乙公司实现净利润 3 000 000 元,董事会提议提取盈余公积 500 000 元,宣告

分派现金股利 1 000 000 元,已经股东会批准。

2018 年乙公司实现净利润 3 500 000 元,董事会提议提取盈余公积 400 000 元,宣告分派现金股利 1 500 000 元,已经股东会批准。

要求:

(1)编制合并日合并财务报表的调整、抵销分录。

(2)编制 2017 年合并日后合并财务报表(2017 年期末甲公司和乙公司的个别报表分别见表 4-1、表 4-2、表 4-3、表 4-4、表 4-5 和表 4-6)。

表 4-1 乙公司资产负债表及公允价值(简表) 单位:元

	账面价值	公允价值
货币资金	4 000 000	3 000 000
应收账款	2 500 000	2 500 000
存货	3 500 000	3 800 000
长期股权投资	3 000 000	3 000 000
固定资产(净值)	10 000 000	11 000 000
资产合计	23 000 000	24 300 000
应付账款	4 500 000	5 000 000
应付股利	1 500 000	1 000 000
应付债券	5 000 000	5 000 000
股本	6 000 000	
资本公积	2 000 000	
盈余公积	1 500 000	
未分配利润	2 500 000	
负债及股东权益合计	23 000 000	

表 4-2 乙公司利润表 单位:元

项 目	金 额
一、营业收入	14 000 000
减:营业成本	9 800 000
营业税金及附加	150 000
销售费用	550 000
管理费用	600 000
财务费用	100 000
资产减值损失	35 000
加:公允价值变动损益(损失以"-"号填列)	0
投资收益(损失以"-"号填列)	1 100 000
其中:对联营企业和合营企业的投资收益	0
二、营业利润(亏损以"-"号填列)	3 865 000
加:营业外收入	260 000
减:营业外支出	125 000
三、利润总额(亏损总额以"-"号填列)	4 000 000
减:所得税费用	1 000 000
四、净利润(亏损总额以"-"号填列)	3 000 000

表 4-3　乙公司所有者权益变动表

2017 年度

单位：元

项目	股本	资本公积	盈余公积	未分配利润	专项储备	股东权益合计
一、上年年末余额	6 000 000	2 000 000	1 000 000	1 000 000		10 000 000
加：会计政策变更						
前期差错更正						
其他						
二、本年年初余额	6 000 000	2 000 000	1 000 000	1 000 000		10 000 000
三、本年增减变动金额（减少以"-"号填列）				3 000 000		3 000 000
（一）净利润				3 000 000		3 000 000
（二）其他综合收益						
上述（一）和（二）小计						
（三）股东投入和减少资本						
1. 股东投入人资本						
2. 股份支付计入股东权益的金额						
3. 其他						
（四）利润分配			500 000	500 000		1 000 000
1. 提取盈余公积						
2. 提取一般风险准备						
3. 对股东的分配						
4. 其他						
（五）股东权益内部结转						
1. 资本公积转增股本						
2. 盈余公积转增股本						
3. 盈余公积弥补亏损						
4. 其他						
（六）专项储备						
1. 本期提取						
2. 本期使用						
（七）其他						
四、本期期末余额	6 000 000	2 000 000	1 500 000	2 500 000		12 000 000

表 4-4 甲公司资产负债表及公允价值(简表)　　　　　单位：元

	账面价值	公允价值
货币资金	8 000 000	8 000 000
应收账款	11 000 000	11 000 000
应收股利	1 000 000	1 000 000
存货	14 000 000	17 000 000
长期股权投资	13 000 000	12 000 000
固定资产(净值)	33 000 000	41 000 000
资产合计	80 000 000	90 000 000
应付账款	20 000 000	20 000 000
应付债券	15 000 000	15 000 000
股本	24 000 000	
资本公积	7 000 000	
盈余公积	5 000 000	
未分配利润	9 000 000	
负债及股东权益合计	80 000 000	

表 4-5 甲公司利润表　　　　　单位：元

项目	金额
一、营业收入	75 000 000
减：营业成本	50 000 000
营业税金及附加	800 000
销售费用	2 300 000
管理费用	2 500 000
财务费用	500 000
资产减值损失	200 000
加：公允价值变动损益(损失以"-"号填列)	0
投资收益(损失以"-"号填列)	5 000 000
其中：对联营企业和合营企业的投资收益	0
二、营业利润(亏损以"-"号填列)	23 700 000
加：营业外收入	700 000
减：营业外支出	800 000
三、利润总额(亏损总额以"-"号填列)	23 600 000
减：所得税费用	5 900 000
净利润(亏损总额以"-"号填列)	17 700 000

表 4-6　甲公司所有者权益变动表

2017 年度

单位：元

项目	股本	资本公积	盈余公积	未分配利润	专项储备	股东权益合计
一、上年年末余额	24 000 000	7 000 000	3 000 000	5 000 000		39 000 000
加：会计政策变更						
前期差错更正						
其他						
二、本年年初余额	24 000 000	7 000 000	3 000 000	5 000 000		39 000 000
三、本年增减变动金额（减少以"-"号填列）				17 700 000		17 700 000
（一）净利润				17 700 000		17 700 000
（二）其他综合收益						
上述（一）和（二）小计						
（三）股东投入和减少资本						
1. 股东投入资本						
2. 股份支付计入股东权益的金额						
3. 其他						
（四）利润分配			2 000 000	11 700 000		11 700 000
1. 提取盈余公积						
2. 提取一般风险准备						
3. 对股东的分配						
4. 其他						
（五）股东权益内部结转						
1. 资本公积转增股本						
2. 盈余公积转增股本						
3. 盈余公积弥补亏损						
4. 其他						
（六）专项储备						
1. 本期提取						
2. 本期使用						
（七）其他						
四、本期期末余额	24 000 000	7 000 000	5 000 000	9 000 000		45 000 000

(3) 编制与 2018 年合并日后合并财务报表相关的调整、抵销分录。

实训二：同一控制下企业合并合并日后合并财务报表的编制——非全资子公司情况下

合并双方相关资料如上题，假设甲公司发行 6 500 000 股普通股股票取得乙公司 80%表决权股份，每股面值 1 元，市价 3 元。其他条件不变。

要求：

(1) 编制合并日合并财务报表的调整、抵销分录。

(2) 编制 2017 年合并日后合并财务报表(2017 年期末甲公司和乙公司的个别报表分别见表 4-1、表 4-2、表 4-3、表 4-4、表 4-5 和表 4-6)。

(3) 编制与 2018 年合并日后合并财务报表相关的调整、抵销分录。

实训三：非同一控制下企业合并合并日后合并财务报表的编制——全资子公司情况下

1. 趣味科技成立于 2008 年，主要经营电子元件及组件制造；其他电子设备制造；汽车零部件及配件制造；集成电路设计；信息技术咨询服务；数据处理和存储服务；电子工业专用设备制造；自有房地产经营活动。科创电子成立于 2000 年 9 月 30 日，于 2010 年 3 月 2 日成功上市，从事电力自动化产品及电工仪器仪表的研发、生产及销售。

2016 年 6 月 30 日，趣味科技以现金 680 000 元购买了科创电子 100%的股权。合并日科创电子净资产的账面价值为 600 000 元，存货发生增值 20 000 元。股本为 400 000 元，盈余公积 100 000 元，未分配利润 100 000 元。2016 年、2017 年存货均未对外销售。2016 年、2017 年公司净利润、利润分配信息如下：2016 年科创电子实现净利润 10 万元，提取盈余公积 2 万元，向股东宣告分派现金股利 6 万元；2017 年科创电子实现净利润 15 万元，提取盈余公积 4 万元，向股东宣告分派现金股利 8 万元。

要求：

(1) 编制合并日趣味科技取得科创电子股权的会计分录；

(2) 编制趣味科技 2016 年 6 月 30 日合并报表(合并日)有关的调整分录和抵销分录；

(3) 编制趣味科技 2016 年 12 月 31 日合并报表(合并日后)有关的调整分录和抵销分录；

(4) 编制趣味科技 2017 年 12 月 31 日合并报表(合并日后第二年)有关的调整分录和抵销分录。

2. 晨起科创成立于 2002 年，主要经营和销售各种电池、各种电池管理系统、电池材料及纳米新材料，并提供房屋租赁、设备租赁、物业管理和锂电池相关技术咨询等服务。

田中股份成立于2006年,于2010年3月26日上市,主要为基础电子元件商提供生产电子线圈所需的成套数控自动化设备及相关零部件。主要生产销售自动化设备、自动化系统、自动化机械及电子部件并对自产产品提供售后维修服务。

2017年5月31日,晨起科创以现金7 300 000元购买了田中股份100%的股权。合并日田中股份净资产的账面价值为6 500 000元,存货发生增值200 000元,一栋办公楼增值400 000元。存货的60%在2017年对外销售,存货的40%在2018年对外销售,办公楼剩余折旧年限为10年,无预计净残值,以年限平均法进行折旧。股本为4 300 000元,盈余公积1 100 000元,未分配利润1 100 000元。2017年、2018年公司净利润、利润分配信息如下:2017年田中股份实现净利润100万元,提取盈余公积20万元,向股东宣告分派现金股利60万元;2018年田中股份实现净利润150万元,提取盈余公积40万元,向股东宣告分派现金股利80万元。

要求:

(1) 编制合并日晨起科创取得田中股份股权的会计分录;

(2) 编制晨起科创2017年6月30日合并报表(合并日)有关的调整分录和抵销分录;

(3) 编制晨起科创2017年12月31日合并报表(合并日后)有关的调整分录和抵销分录;

(4) 编制晨起科创2018年12月31日合并报表(合并日后第二年)有关的调整分录和抵销分录。

 活动评价

实训一:业务处理

(1) 编制2017年1月1日合并日合并财务报表的调整、抵销分录

母公司甲公司在其个别报表中确认长期股权投资,会计处理为

借:长期股权投资	10 000 000
贷:股本	8 000 000
资本公积	2 000 000

由母公司甲公司进行合并日合并报表的相关会计处理:

合并日调整分录:将子公司在合并前实现的留存收益自资本公积(股本溢价)中转出。

借:资本公积	2 000 000
贷:盈余公积	1 000 000
未分配利润	1 000 000

合并日抵销分录：母公司长期股权投资与子公司所有者权益的抵销。

借：股本　　　　　　　　　　　　　　　　　　6 000 000
　　资本公积　　　　　　　　　　　　　　　　2 000 000
　　盈余公积　　　　　　　　　　　　　　　　1 000 000
　　未分配利润　　　　　　　　　　　　　　　1 000 000
　　　贷：长期股权投资　　　　　　　　　　　　　　10 000 000

(2) 编制 2017 年 12 月 31 日合并日后合并财务报表

将甲公司对长期股权投资的成本法后续计量改为权益法，调整分录为

借：长期股权投资　　　　　　　　　　　　　3 000 000
　　　贷：投资收益　　　　　　　　　　　　　　　　3 000 000　①

借：投资收益　　　　　　　　　　　　　　　1 000 000
　　　贷：长期股权投资　　　　　　　　　　　　　　1 000 000　②

抵销内部投资，抵销分录为

借：股本　　　　　　　　　　　　　　　　　6 000 000
　　资本公积　　　　　　　　　　　　　　　2 000 000　③
　　盈余公积　　　　　　　　　　　　　　　1 500 000
　　未分配利润　　　　　　　　　　　　　　2 500 000
　　　贷：长期股权投资　　　　　　　　　　　　　　12 000 000

抵销 2017 年母公司对子公司的投资收益和子公司的利润分配，抵销分录为

借：投资收益　　　　　　　　　　　　　　　3 000 000
　　年初未分配利润　　　　　　　　　　　　1 000 000
　　　贷：提取盈余公积　　　　　　　　　　　　　　500 000　④
　　　　　向股东分配利润　　　　　　　　　　　　1 000 000
　　　　　年末未分配利润　　　　　　　　　　　　2 500 000

恢复子公司合并前留存收益：

借：资本公积　　　　　　　　　　　　　　　2 000 000
　　　贷：盈余公积　　　　　　　　　　　　　　　　1 000 000　⑤
　　　　　未分配利润　　　　　　　　　　　　　　1 000 000

子公司宣告发放股利，在其个别报表中列为应付股利，同时母公司在其个别报表中列为应收股利，编制合并财务报表需将其抵销，抵销分录为

借：应付股利　　　　　　　　　　　　　　　1 000 000
　　　贷：应收股利　　　　　　　　　　　　　　　　1 000 000　⑥

合并工作底稿如表 4-7 所示。

将合并工作底稿中计算得出的合并数列入合并报表，如表 4-8 至表 4-10 所示。

表 4-7 合并工作底稿

单位：元

项　　　目	母公司	子公司	调整分录 借方	调整分录 贷方	抵销分录 借方	抵销分录 贷方	少数股东权益	合并数
资产负债表项目								
货币资金	8 000 000	4 000 000						12 000 000
应收账款	11 000 000	2 500 000						13 500 000
应收股利	1 000 000					1 000 000⑥		0
存货	14 000 000	3 500 000						17 500 000
长期股权投资	13 000 000	3 000 000	3 000 000①	1 000 000②		12 000 000③		6 000 000
固定资产（净值）	33 000 000	10 000 000	3 000 000	1 000 000		13 000 000		43 000 000
资产合计	80 000 000	23 000 000						92 000 000
应付账款	20 000 000	4 500 000						24 500 000
应付股利	15 000 000	1 500 000			1 000 000⑥			500 000
应付债券	14 000 000	5 000 000						20 000 000
股本	24 000 000	6 000 000			6 000 000③			24 000 000
资本公积	7 000 000	2 000 000	2 000 000⑤		2 000 000③			5 000 000
盈余公积	5 000 000	1 500 000		1 000 000⑤	1 500 000③			6 000 000
未分配利润（见本表最后一行）	9 000 000	2 500 000						12 000 000
负债及股东权益合计	80 000 000	23 000 000						92 000 000
利润表项目								
一、营业收入	75 000 000	14 000 000						89 000 000
减：营业成本	50 000 000	9 800 000						59 800 000
营业税金及附加	800 000	150 000						950 000
销售费用	2 300 000	550 000						2 850 000
管理费用	2 500 000	600 000						3 100 000
财务费用	500 000	100 000						600 000
资产减值损失	200 000	35 000						235 000
加：公允价值变动损益（损失以"－"号填列）	0	0						0

续表

项　　目	母公司	子公司	调整分录 借方	调整分录 贷方	抵销分录 借方	抵销分录 贷方	少数股东权益	合并数
投资收益（损失以"-"号填列）	5 000 000	1 100 000	1 000 000②	3 000 000①	3 000 000④			5 100 000
其中：对联营企业和合营企业的投资收益	0	0						0
二、营业总收入	23 700 000	3 865 000	1 000 000	3 000 000	3 000 000			26 565 000
加：营业外收入	700 000	260 000						960 000
减：营业外支出	800 000	125 000						925 000
三、利润总额（亏损总额以"-"号填列）	23 600 000	4 000 000	1 000 000	3 000 000	3 000 000			26 600 000
减：所得税费用	5 900 000	1 000 000						6 900 000
四、净利润（亏损总额以"-"号填列）	17 700 000	3 000 000	1 000 000	3 000 000	3 000 000			19 700 000
归属于母公司股东损益								
少数股东损益								
五、其他综合收益的税后净额								
六、综合收益总额	17 700 000	3 000 000	1 000 000	3 000 000	3 000 000			19 700 000
归属于母公司股东的综合收益总额								
归属于少数股东的综合收益总额								
一、未分配利润——年初	4 500 000	1 000 000			1 000 000④	500 000④		4 500 000
二、本年增减变动金额								
其中：利润分配								
1. 提取盈余公积	3 500 000	500 000			2 500 000③	1 000 000④		3 500 000
2. 对股东的分配	9 700 000	1 000 000		1 000 000⑤	6 500 000	2 500 000④		9 700 000
四、未分配利润——年末	9 000 000	2 500 000	1 000 000	4 000 000		4 000 000		12 000 000

表 4-8　合并资产负债表　　　　　　　　　　　　　　　　单位：元

资　　产	期末余额	年初余额	负债和所有者权益	期末余额	年初余额
流动资产：			流动负债：		
货币资金	12 000 000		应付账款	24 500 000	
应收账款	13 500 000		应付股利	500 000	
应收股利	0		流动负债合计	25 000 000	
存货	17 500 000		非流动负债：		
流动资产合计	43 000 000		应付债券	20 000 000	
非流动资产：			非流动负债合计	20 000 000	
长期股权投资	6 000 000		负债合计	45 000 000	
固定资产(净值)	43 000 000		所有者权益：		
非流动资产合计	49 000 000		股本	24 000 000	
			资本公积	5 000 000	
			盈余公积	6 000 000	
			未分配利润	12 000 000	
			归属于母公司股东权益合计	47 000 000	
			少数股东权益		
资产总计	92 000 000		负债和所有者权益总计	92 000 000	

表 4-9　合并利润表（简表）　　　　　　　　　　　　　　单位：元

项　　目	本年金额	上年金额
一、营业收入	89 000 000	
减：营业成本	59 800 000	
营业税金及附加	950 000	
销售费用	2 850 000	
管理费用	3 100 000	
财务费用	600 000	
资产减值损失	235 000	
加：公允价值变动损益(损失以"－"号填列)	0	
投资收益(损失以"－"号填列)	5 100 000	
其中：对联营企业和合营企业的投资收益	0	
二、营业利润(亏损以"－"号填列)	26 565 000	
加：营业外收入	960 000	
减：营业外支出	925 000	
三、利润总额(亏损总额以"－"号填列)	26 600 000	
减：所得税费用	6 900 000	
四、净利润(亏损总额以"－"号填列)	19 700 000	

表 4-10 合并所有者权益变动表

2017 年度

单位：元

项目	本年金额 归属于母公司股东权益 股本	本年金额 归属于母公司股东权益 资本公积	本年金额 归属于母公司股东权益 盈余公积	本年金额 归属于母公司股东权益 未分配利润	本年金额 归属于母公司股东权益 专项储备	本年金额 归属于母公司股东权益 其他	本年金额 少数股东权益	本年金额 股东权益合计	上年金额 归属于母公司股东权益 股本	上年金额 归属于母公司股东权益 资本公积	上年金额 归属于母公司股东权益 盈余公积	上年金额 归属于母公司股东权益 未分配利润	上年金额 归属于母公司股东权益 专项储备	上年金额 归属于母公司股东权益 其他	上年金额 少数股东权益	上年金额 股东权益合计
一、上年年末余额	24 000 000	7 000 000	3 000 000	5 000 000				39 000 000								
加：会计政策变更																
前期差错更正																
其他																
二、本年年初余额	24 000 000	7 000 000	3 000 000	5 000 000				39 000 000								
三、本年增减变动金额（减少以"-"号填列）				19 700 000				19 700 000								
（一）净利润				19 700 000				19 700 000								
（二）其他综合收益																
上述（一）和（二）小计				19 700 000				19 700 000								
（三）股东投入和减少资本																
1. 股东投入资本																
2. 股份支付计入股东权益的金额																
3. 其他																
（四）利润分配		2 000 000		11 700 000				11 700 000								
1. 提取盈余公积		2 000 000														
2. 提取一般风险准备																
3. 对股东的分配				11 700 000												

续表

项目	本年金额							上年金额						
	归属于母公司股东权益					少数股东权益	股东权益合计	归属于母公司股东权益					少数股东权益	股东权益合计
	股本	资本公积	盈余公积	未分配利润	专项储备	其他			股本	资本公积	盈余公积	未分配利润	专项储备	其他		
4. 其他															
（五）股东权益内部结转															
1. 资本公积转增股本															
2. 盈余公积转增股本															
3. 盈余公积弥补亏损															
4. 其他															
（六）专项储备															
1. 本期提取															
2. 本期使用															
（七）其他															
四、本期期末余额	24 000 000	7 000 000	5 000 000	11 000 000				47 000 000							

注：在表格数据的基础上，再考虑到从资本公积中恢复被并方合并前的留存收益这一步骤，即可得合并资产负债表中与合并工作底稿中的合并所有者权益各个项目的金额。

(3) 编制 2018 年合并日后合并财务报表的调整、抵销分录

将甲公司对长期股权投资的成本法后续计量改为权益法，调整分录为

借：长期股权投资	2 000 000	
贷：年初未分配利润		2 000 000
借：长期股权投资	3 500 000	
贷：投资收益		3 500 000
借：投资收益	1 500 000	
贷：长期股权投资		1 500 000

抵销内部投资，抵销分录为：

借：股本	6 000 000	
资本公积	2 000 000	
盈余公积	1 900 000	
未分配利润	4 100 000	
贷：长期股权投资		14 000 000

抵销 2018 年母公司对子公司的投资收益和子公司的利润分配，抵销分录为

借：投资收益	3 500 000	
年初未分配利润	2 500 000	
贷：提取盈余公积		400 000
向股东分配利润		1 500 000
年末未分配利润		4 100 000

恢复子公司合并前留存收益：

借：资本公积	2 000 000	
贷：盈余公积		1 000 000
未分配利润		1 000 000

抵销母公司个别报表中的应收股利和子公司个别报表中的应付股利：

借：应付股利	1 500 000	
贷：应收股利		1 500 000

实训二：业务处理

(1) 编制 2017 年 1 月 1 日合并日合并财务报表的调整、抵销分录

首先，母公司甲公司在其个别报表中确认长期股权投资，会计处理为：

借：长期股权投资	8 000 000	
贷：股本		6 500 000
资本公积		1 500 000

由母公司甲公司进行合并日合并报表的相关会计处理：

合并日调整分录：恢复子公司合并前留存收益中母公司所占有的部分：

借：资本公积 1 600 000
　　贷：盈余公积 800 000
　　　　未分配利润 800 000

合并日抵销分录：

借：股本 6 000 000
　　资本公积 2 000 000
　　盈余公积 1 000 000
　　未分配利润 1 000 000
　　贷：长期股权投资 8 000 000
　　　　少数股东权益 2 000 000

（2）编制2017年12月31日合并日后合并财务报表

将甲公司对长期股权投资的成本法后续计量改为权益法，调整分录为

借：长期股权投资 2 400 000
　　贷：投资收益 2 400 000　①

借：投资收益 800 000
　　贷：长期股权投资 800 000　②

抵销内部投资，抵销分录为：

借：股本 6 000 000
　　资本公积 2 000 000
　　盈余公积 1 500 000
　　未分配利润 2 500 000　③
　　贷：长期股权投资 9 600 000
　　　　少数股东权益 2 400 000

抵销2018年母公司对子公司的投资收益和子公司的利润分配，抵销分录为

借：投资收益 2 400 000
　　少数股东损益 600 000
　　年初未分配利润 1 000 000　④
　　贷：提取盈余公积 500 000
　　　　向股东分配利润 1 000 000
　　　　年末未分配利润 2 500 000

恢复子公司合并前留存收益中归属于母公司份额的部分：

借：资本公积 1 600 000
　　贷：盈余公积 800 000　⑤
　　　　未分配利润 800 000

子公司宣告发放股利,在其个别报表中列为应付股利,同时母公司在其个别报表中列为应收股利,编制合并财务报表需将其抵销,抵销分录为

借:应付股利　　　　　　　　　　　　　800 000
　　贷:应收股利　　　　　　　　　　　　　　　800 000　⑥

表 4-11 为合并工作底稿。

将合并工作底稿中计算得出的合并数列入合并报表,如表 4-12 至表 4-14 所示。

(3) 编制 2018 年 12 月 31 日合并日后合并财务报表的调整、抵销分录

将甲公司对长期股权投资的成本法后续计量改为权益法,调整分录为

借:长期股权投资　　　　　　　　　　　1 600 000
　　贷:年初未分配利润　　　　　　　　　　　1 600 000

借:长期股权投资　　　　　　　　　　　2 800 000
　　贷:投资收益　　　　　　　　　　　　　　2 800 000

借:投资收益　　　　　　　　　　　　　1 200 000
　　贷:长期股权投资　　　　　　　　　　　　1 200 000

抵销内部投资,抵销分录为:

借:股本　　　　　　　　　　　　　　　6 000 000
　　资本公积　　　　　　　　　　　　　2 000 000
　　盈余公积　　　　　　　　　　　　　1 900 000
　　未分配利润　　　　　　　　　　　　4 100 000
　　贷:长期股权投资　　　　　　　　　　　11 200 000
　　　　少数股东权益　　　　　　　　　　　2 800 000

抵销 2019 年母公司对子公司的投资收益和子公司的利润分配,抵销分录为

借:投资收益　　　　　　　　　　　　　2 800 000
　　少数股东损益　　　　　　　　　　　　700 000
　　年初未分配利润　　　　　　　　　　2 500 000
　　贷:提取盈余公积　　　　　　　　　　　　400 000
　　　　向股东分配利润　　　　　　　　　　1 500 000
　　　　年末未分配利润　　　　　　　　　　4 100 000

恢复子公司合并前留存收益中归属于母公司份额的部分:

借:资本公积　　　　　　　　　　　　　1 600 000
　　贷:盈余公积　　　　　　　　　　　　　　800 000
　　　　未分配利润　　　　　　　　　　　　　800 000

抵销母公司个别报表中的应收股利和子公司个别报表中的应付股利:

借:应付股利　　　　　　　　　　　　　1 200 000
　　贷:应收股利　　　　　　　　　　　　　　1 200 000

表 4-11 合并工作底稿

单位：元

项目	母公司	子公司	调整分录 借方	调整分录 贷方	抵销分录 借方	抵销分录 贷方	少数股东权益	合并数
资产负债表项目								
货币资金	8 000 000	4 000 000						12 000 000
应收账款	11 000 000	2 500 000						13 500 000
应收股利	1 000 000					800 000⑥		200 000
存货	14 000 000	3 500 000						17 500 000
长期股权投资	13 000 000	3 000 000	2 400 000①	800 000②		9 600 000③		8 000 000
固定资产（净值）	33 000 000	10 000 000	2 400 000	800 000				43 000 000
资产合计	80 000 000	23 000 000				10 400 000		94 200 000
应付账款	20 000 000	4 500 000						24 500 000
应付股利	15 000 000	1 500 000			800 000⑥			700 000
应付债券	24 000 000	5 000 000						20 000 000
股本	7 000 000	2 000 000			6 000 000③			24 000 000
资本公积	5 000 000	1 500 000	1 600 000⑤		2 000 000③			5 400 000
盈余公积				800 000⑤	1 500 000③			5 800 000
未分配利润（底行数据来源于本表最后一行）	9 000 000	2 500 000	800 000	2 400 000	5 900 000	4 000 000		11 400 000
少数股东权益							2 400 000③	2 400 000
负债及股东权益合计	80 000 000	23 000 000						
一、营业收入	75 000 000	14 000 000						89 000 000
减：营业成本	50 000 000	9 800 000						59 800 000
营业税金及附加	800 000	150 000						950 000
销售费用	2 300 000	550 000						2 850 000
管理费用	2 500 000	600 000						3 100 000
财务费用	500 000	100 000						600 000
资产减值损失	200 000	35 000						235 000
加：公允价值变动损益（损失以"-"号填列）	0	0						0

续表

项 目	母公司	子公司	调整分录 借方	调整分录 贷方	抵销分录 借方	抵销分录 贷方	少数股东权益	合并数
投资收益（损失以"-"号填列）	5 000 000	1 100 000	800 000②	2 400 000①	2 400 000④			5 300 000
其中：对联营企业和合营企业的投资收益	0							0
二、营业利润（亏损以"-"号填列）	23 700 000	3 865 000	800 000	2 400 000	2 400 000			26 765 000
加：营业外收入	700 000	260 000						960 000
减：营业外支出	800 000	125 000						925 000
三、利润总额（亏损总额以"-"号填列）	23 600 000	4 000 000	800 000	2 400 000	2 400 000			26 800 000
减：所得税费用	5 900 000	1 000 000						6 900 000
四、净利润（亏损总额以"-"号填列）	17 700 000	3 000 000	800 000	2 400 000	2 400 000			19 900 000
归属于母公司股东损益	17 700 000		800 000	2 400 000	2 400 000		600 000④	19 300 000
少数股东损益		3 000 000					600 000④	600 000
五、其他综合收益的税后净额								
六、综合收益总额	17 700 000	3 000 000	800 000	2 400 000	2 400 000			19 900 000
归属于母公司股东的综合收益总额	17 700 000							19 300 000
归属于少数股东的综合收益总额					1 000 000④		600 000④	600 000
一、未分配利润——年初	4 500 000	1 000 000						4 500 000
二、本年增减变动金额								
其中：分配								
1. 提取盈余公积	3 500 000	500 000					500 000④	3 500 000
2. 对股东的分配	9 700 000	1 000 000			2 500 000③	1 000 000④		9 700 000
四、未分配利润——年末	9 000 000	2 500 000	800 000	2 400 000	5 900 000	4 000 000		10 600 000

表 4-12　合并资产负债表　　　　　　　　　　　　　单位：元

资　　产	期末余额	年初余额	负债和所有者权益	期末余额	年初余额
流动资产：			流动负债：		
货币资金	12 000 000		应付账款	24 500 000	
应收账款	13 500 000		应付股利	700 000	
应收股利	200 000		流动负债合计	25 200 000	
存货	17 500 000		非流动负债：		
流动资产合计	43 200 000		应付债券	20 000 000	
非流动资产：			非流动负债合计	20 000 000	
长期股权投资	8 000 000		负债合计	45 200 000	
固定资产(净值)	43 000 000		所有者权益：		
非流动资产合计	51 000 000		股本	24 000 000	
			资本公积	5 400 000	
			盈余公积	5 800 000	
			未分配利润	11 400 000	
			归属于母公司股东权益合计	46 600 000	
			少数股东权益	2 400 000	
资产总计	94 200 000		负债和所有者权益总计	94 200 000	

表 4-13　合并利润表(简表)　　　　　　　　　　　　单位：元

项　　目	本年金额	上年金额
一、营业收入	89 000 000	
减：营业成本	59 800 000	
营业税金及附加	950 000	
销售费用	2 850 000	
管理费用	3 100 000	
财务费用	600 000	
资产减值损失	235 000	
加：公允价值变动损益(损失以"－"号填列)	0	
投资收益(损失以"－"号填列)	5 300 000	
其中：对联营企业和合营企业的投资收益	0	
二、营业利润(亏损以"－"号填列)	26 765 000	
加：营业外收入	960 000	
减：营业外支出	925 000	
三、利润总额(亏损总额以"－"号填列)	26 800 000	
减：所得税费用	6 900 000	
四、净利润(亏损总额以"－"号填列)	19 900 000	
归属于母公司股东损益	19 300 000	
少数股东损益	600 000	
五、其他综合收益的税后净额		
六、综合收益总额	19 900 000	
归属于母公司股东的综合收益总额	19 300 000	
归属于少数股东的综合收益总额	600 000	

表 4-14　合并所有者权益变动表

2017 年度

单位：元

项　目	本年金额 归属于母公司股东权益						少数股东权益	股东权益合计	上年金额 归属于母公司股东权益						少数股东权益	股东权益合计
	股本	资本公积	盈余公积	未分配利润	专项储备	其他			股本	资本公积	盈余公积	未分配利润	专项储备	其他		
一、上年年末余额	24 000 000	7 000 000	3 000 000	5 000 000				39 000 000								
加：会计政策变更							2 000 000	2 000 000								
前期差错更正																
其他																
二、本年年初余额	24 000 000	7 000 000	3 000 000	5 000 000			2 000 000	41 000 000								
三、本年增减变动金额（减少以"-"号填列）				19 300 000			600 000	19 900 000								
（一）净利润				19 300 000			600 000	19 900 000								
（二）其他综合收益																
上述（一）和（二）小计				19 300 000			600 000	19 900 000								
（三）股东投入和减少资本																
1. 股东投入资本																
2. 股份支付计入股东权益的金额																
3. 其他																
（四）利润分配			2 000 000	13 700 000			200 000	11 900 000								
1. 提取盈余公积			2 000 000	2 000 000												
2. 提取一般风险准备																
3. 对股东的分配				11 700 000			200 000	11 900 000								

续表

项 目	本年金额									上年金额								
	归属于母公司股东权益					少数股东权益	股东权益合计			归属于母公司股东权益					少数股东权益	股东权益合计		
	股本	资本公积	盈余公积	未分配利润	专项储备	其他			股本	资本公积	盈余公积	未分配利润	专项储备	其他		
4. 其他																	
(五) 股东权益内部结转																	
1. 资本公积转增股本																	
2. 盈余公积转增股本																	
3. 盈余公积弥补亏损																	
4. 其他																	
(六) 专项储备																	
1. 本期提取																	
2. 本期使用																	
(七) 其他																	
四、本期期末余额	24 000 000	7 000 000	5 000 000	10 600 000			2 400 000	49 000 000									

注：在本表数据的基础上，再考虑到从资本公积中恢复被并方合并前的留存收益中归属于合并方的部分这一步骤，即可得合并资产负债表中与合并工作底稿中的合并所有者权益各个项目的金额。

实训三：业务处理

1. （1）合并日趣味科技取得科创电子股权的会计分录。

借：长期股权投资　　　　　　　　　　　　　　680 000
　　贷：银行存款　　　　　　　　　　　　　　　　680 000

（2）趣味科技 2016 年 6 月 30 日合并报表（合并日）有关的调整分录和抵销分录。

调整分录：

借：存货　　　　　　　　　　　　　　　　　　20 000
　　贷：资本公积　　　　　　　　　　　　　　　　20 000

抵销分录：

借：股本　　　　　　　　　　　　　　　　　　400 000
　　资本公积　　　　　　　　　　　　　　　　　20 000
　　盈余公积　　　　　　　　　　　　　　　　　100 000
　　未分配利润　　　　　　　　　　　　　　　　100 000
　　商誉　　　　　　　　　　　　　　　　　　　60 000
　　贷：长期股权投资——科创电子　　　　　　　　680 000

（3）编制趣味科技 2016 年 12 月 31 日合并报表（合并日后）有关的调整分录和抵销分录。

调整分录：

借：存货　　　　　　　　　　　　　　　　　　20 000
　　贷：资本公积　　　　　　　　　　　　　　　　20 000

借：长期股权投资——科创电子　　　　　　　　40 000
　　贷：投资收益　　　　　　　　　　　　　　　　40 000

解析："投资收益"科目金额为：

100 000（科创电子实现净利润）－6 000（向股东分配股利）＝40 000

抵销分录：

借：股本　　　　　　　　　　　　　　　　　　400 000
　　资本公积　　　　　　　　　　　　　　　　　20 000
　　盈余公积　　　　　　　　　　　　　　　　　120 000
　　未分配利润　　　　　　　　　　　　　　　　120 000
　　商誉　　　　　　　　　　　　　　　　　　　60 000
　　贷：长期股权投资——科创电子　　　　　　　　720 000

解析："盈余公积"科目金额为：2016 年科创电子期初余额 100 000＋2016 年科创电子提取的盈余公积 20 000＝120 000（元）；"未分配利润——年末"科目金额为：2016 年科创电子期初余额 100 000＋2016 年科创电子实现的未分配利润 20 000＝120 000（元）。

借：投资收益 100 000
　　未分配利润——年初 100 000
　　贷：提取盈余公积 20 000
　　　　向股东分配利润 60 000
　　　　未分配利润 120 000
借：应付股利 60 000
　　贷：应收股利 60 000

(4) 编制趣味科技 2017 年 12 月 31 日合并报表（合并日后第二年）有关的调整分录和抵销分录。

调整分录：

借：存货 20 000
　　贷：资本公积 20 000
借：长期股权投资——科创电子 110 000
　　贷：投资收益 70 000
　　　　未分配利润——年初 40 000

解析：未分配利润——年初为 2016 年"投资收益"科目抵销金额，具体计算过程见(3)；2017 年"投资收益"科目抵销金额为：150 000(2017 年科创电子实现净利润)－80 000(2017 年科创电子向股东分配股利)＝70 000(元)。

抵销分录：

借：股本 400 000
　　资本公积 20 000
　　盈余公积 160 000
　　未分配利润——年末 150 000
　　商誉 60 000
　　贷：长期股权投资——科创电子 790 000

解析："盈余公积"科目金额为：2016 年科创电子期初余额 100 000＋2016 年科创电子提取的盈余公积 20 000＋2017 年科创电子提取的盈余公积 40 000＝160 000(元)；"未分配利润——年末"科目金额为：2016 年科创电子期初余额 100 000＋2016 年科创电子实现的未分配利润 20 000＋2017 年科创电子实现的未分配利润 3 000＝150 000(元)。

借：投资收益 150 000
　　未分配利润——年初 120 000
　　贷：提取盈余公积 40 000
　　　　向股东分配利润 80 000
　　　　未分配利润 150 000
借：应付股利 80 000

贷：应收股利　　　　　　　　　　　　　　　　　　　80 000
2. (1) 合并日取得股权的会计分录。
　　借：长期股权投资　　　　　　　　　　　　　　　 7 300 000
　　　　贷：银行存款　　　　　　　　　　　　　　　　7 300 000
(2) 晨起科创2017年6月30日合并报表（合并日）的有关调整分录和抵销分录。
调整分录：
　　借：存货　　　　　　　　　　　　　　　　　　　　200 000
　　　　固定资产　　　　　　　　　　　　　　　　　　400 000
　　　　贷：资本公积　　　　　　　　　　　　　　　　600 000
抵销分录为：
　　借：股本　　　　　　　　　　　　　　　　　　　4 300 000
　　　　资本公积　　　　　　　　　　　　　　　　　　600 000
　　　　盈余公积　　　　　　　　　　　　　　　　　1 100 000
　　　　未分配利润　　　　　　　　　　　　　　　　1 100 000
　　　　商誉　　　　　　　　　　　　　　　　　　　　200 000
　　　　贷：长期股权投资　　　　　　　　　　　　　7 300 000
(3) 编制晨起科创2017年12月31日合并报表（合并日后）有关的调整分录和抵销分录。

调整分录：
将被合并方的净资产由账面价值调整为公允价值并调整净利润
　　借：存货　　　　　　　　　　　　　　　　　　　　200 000
　　　　固定资产　　　　　　　　　　　　　　　　　　400 000
　　　　贷：资本公积　　　　　　　　　　　　　　　　600 000
解析：此调整分录将被合并——田中股份的净资产由账面价值调整为公允价值。
　　借：营业成本　　　　　　　　　　　　　　　　　　120 000
　　　　管理费用　　　　　　　　　　　　　　　　　　 40 000
　　　　贷：存货　　　　　　　　　　　　　　　　　　120 000
　　　　　　固定资产　　　　　　　　　　　　　　　　 40 000
解析：此调整分录为对被合并——田中股份净利润的调整，将发出存货确认的"主营业务成本"调整为按照公允价值确认的成本，金额为：存货增值200 000×2017年销售比例60%＝120 000(元)；将固定资产计提的折旧额调整为按照公允价值计提的折旧额，由于固定资产增值400 000元，因此需补提折旧400 000÷剩余使用年限10年＝40 000(元)。
将"长期股权投资"由成本法调整为权益法：
　　借：长期股权投资　　　　　　　　　　　　　　　　240 000
　　　　贷：投资收益　　　　　　　　　　　　　　　　240 000

解析：此分录中"投资收益"科目金额为根据调整后的净利润计算的金额。首先将田中股份的净利润调整为按照公允价值计算的净利润：1 000 000－200 000×60％－40 000＝840 000(元)，"投资收益"科目金额为田中股份的调整后的净利润 840 000－2017年向股东分配股利 600 000＝240 000(元)。

抵销分录：

借：股本		4 300 000
资本公积		600 000
盈余公积		1 300 000
未分配利润		1 140 000
商誉		200 000
贷：长期股权投资		7 540 000

解析："盈余公积"科目金额为：2017年期初余额 1 100 000＋2017年提取的盈余公积 200 000＝1 300 000(元)；"未分配利润——年末"科目金额为根据调整后的净利润计算的金额：2017年科创电子期初余额 1 100 000＋田中股份的调整后的净利润 840 000－2017年提取的盈余公积 200 000－2017年向股东分配股利 600 000＝1 140 000(元)；"长期股权投资"科目金额为：初始投资 7 300 000＋从成本法调整为权益法时确认的金额 240 000＝7 540 000(元)。

借：投资收益		840 000
未分配利润——年初		1 100 000
贷：提取盈余公积		200 000
向股东分配利润		600 000
未分配利润		1 140 000
借：应付股利		600 000
贷：应收股利		600 000

(4) 编制晨起科创 2018 年 12 月 31 日合并报表(合并日后第二年)有关的调整分录和抵销分录。

调整分录：

将被合并方的净资产由账面价值调整为公允价值并调整净利润

借：存货		200 000
固定资产		400 000
贷：资本公积		600 000

解析：此调整分录将被合并——田中股份的净资产由账面价值调整为公允价值。

借：未分配利润——年初		160 000
贷：存货		120 000
固定资产		40 000

解析：此调整分录为 2017 年调整被合并——田中股份净利润的分录对 2018 年的影响。

借：营业成本　　　　　　　　　　　　　　　120 000
　　管理费用　　　　　　　　　　　　　　　 40 000
　　贷：存货　　　　　　　　　　　　　　　120 000
　　　　固定资产　　　　　　　　　　　　　 40 000

解析：此调整分录为对被合并——田中股份 2018 年净利润的调整，将发出存货确认的"主营业务成本"调整为按照公允价值确认的成本，金额为：存货增值 200 000×2018 年销售比例 40%＝80 000(元)；将固定资产计提的折旧额调整为按照公允价值计提的折旧额，由于固定资产增值 400 000 元，因此需补提折旧 400 000÷剩余使用年限 10 年＝40 000(元)。

将"长期股权投资"由成本法调整为权益法：

借：长期股权投资　　　　　　　　　　　　　240 000
　　贷：未分配利润——年初　　　　　　　　240 000

解析：此调整分录为 2017 将"长期股权投资"由成本法调整为权益法的分录对 2018 年的影响。

借：长期股权投资　　　　　　　　　　　　　580 000
　　贷：投资收益　　　　　　　　　　　　　580 000

解析：此分录中"投资收益"科目金额为根据调整后的净利润计算的金额。首先将：田中股份的净利润调整为按照公允价值计算的净利润：1 500 000－200 000×40%－40 000＝1 380 000(元)，"投资收益"科目金额田中股份的调整后的净利润 1 380 000－2018 年向股东分配股利 800 000＝580 000(元)。

借：股本　　　　　　　　　　　　　　　　4 300 000
　　资本公积　　　　　　　　　　　　　　　600 000
　　盈余公积　　　　　　　　　　　　　　1 700 000
　　未分配利润——年末　　　　　　　　　1 320 000
　　商誉　　　　　　　　　　　　　　　　　200 000
　　贷：长期股权投资——科创电子　　　　8 120 000

解析："盈余公积"科目金额为：2017 年期初余额 1 100 000＋2016 年提取的盈余公积 200 000＋2017 年提取的盈余公积 400 000＝1 700 000(元)；"未分配利润——年末"科目金额为：2017 年年末余额 1 140 000＋田中股份的 2018 年调整后的净利润 1 380 000－2018 年提取的盈余公积 400 000－2018 年向股东分配股利 800 000＝1 320 000(元)；"长期股权投资"科目金额为：初始投资 7 300 000＋2017 年从成本法调整为权益法时确认的金额 240 000＋2018 年从成本法调整为权益法时确认的金额 580 000＝8 120 000(元)。

借：投资收益　　　　　　　　　　　　　　1 380 000
　　未分配利润——年初　　　　　　　　　1 140 000

　　　　贷：提取盈余公积　　　　　　　　　　　　　　400 000
　　　　　　向股东分配利润　　　　　　　　　　　　800 000
　　　　　　未分配利润　　　　　　　　　　　　　1 320 000
　　借：应付股利　　　　　　　　　　　　　　　　　800 000
　　　　贷：应收股利　　　　　　　　　　　　　　　　800 000

4.6　合并日后合并财务报表实训练习

实训练习一

　　季悦公司成立于 2003 年 4 月 12 日，于 2010 年成功上市，主要从事投资信息咨询、医药技术信息咨询、企业管理信息咨询等服务。华泰医药主要从事以下业务：开发、生产新型医药包装材料；生产诊疗室设备及器具、血液处理设备、医用光学器具及仪器。

　　假设：2017 年 4 月 16 日，季悦公司发行 100 000 股，市价 5.4 元，面值 5 元的普通股取得华泰医药 80% 的股权。合并日华泰医药净资产的账面价值为 600 000 元，存货发生增值 20 000 元。股本为 400 000 元，盈余公积 100 000 元，未分配利润 100 000 元。2016 年，2017 年存货均未对外销售。2016 年、2017 年华泰医药净利润、利润分配信息如下：2016 年实现净利润 10 万元，提取盈余公积 2 万元，向股东宣告分派现金股利 6 万元；2017 年实现净利润 15 万元，提取盈余公积 4 万元，向股东宣告分派现金股利 8 万元。

　　要求：

　　(1) 编制合并日季悦公司取得华泰医药股权的会计分录；

　　(2) 编制与 2017 年 4 月 16 日合并报表（合并日）有关的调整分录和抵销分录；

　　(3) 编制与 2017 年 12 月 31 日合并报表（合并日后）有关的调整分录和抵销分录；

　　(4) 编制与 2018 年 12 月 31 日合并报表（合并日后第二年）有关的调整分录和抵销分录。

实训练习二

　　季悦公司和华泰医药的介绍如实训练习一所示。

　　假设：2017 年 4 月 16 日，季悦公司以现金 730 000 元购买了华泰医药 80% 的股权。合并日华泰医药净资产的账面价值为 650 000 元，存货发生增值 20 000 元，一栋办公楼增值 40 000 元。存货的 60% 在 2017 年度对外销售，存货的 40% 在 2018 年度对外销售，固定资产剩余折旧年限为 10 年，无预计净残值，以年限平均法折旧。股本为 430 000 元，盈余公积 110 000 元，未分配利润 110 000 元。2017 年、2018 年华泰医药净利润、利润分配信息如下：2017 年实现净利润 10 万元，提取盈余公积 2 万元，向股东宣告分派现金股利 6 万元；2018 年实现净利润 15 万元，提取盈余公积 4 万元，向股东宣告分派现金股利 80 万元。

要求：

(1) 编制合并日季悦公司取得华泰医药股权的会计分录；

(2) 编制与2017年4月16日合并报表(合并日)有关的调整分录和抵销分录；

(3) 编制与2017年12月31日合并报表(合并日后)有关的调整分录和抵销分录；

(4) 编制与2018年12月31日合并报表(合并日后第二年)有关的调整分录和抵销分录。

实训练习三

合并前甲公司和乙公司为同一企业集团内的两家子公司。2017年1月1日，甲公司通过发行200万股普通股(每股面值1元)取得乙公司80%的股权。2017年1月1日甲公司、乙公司所有者权益构成如表4-15所示。

表4-15 合并工作底稿　　　　　　　　　　　　单位：万元

A公司		B公司	
项　目	金　额	项　目	金　额
股本	1 000	股本	300
资本公积	300	资本公积	50
盈余公积	200	盈余公积	40
未分配利润	400	未分配利润	70
股东权益合计	1 900	股东权益合计	460

2017年度乙公司实现净利润50万元，提取盈余公积10万元，宣告分派现金股利10万元。

2018年度乙公司实现净利润80万元，提取盈余公积10万元，宣告分派现金股利30万元。

要求：

(1) 请根据以上材料编制2017年期末合并日后合并报表的相关调整抵销分录(分录中请以万元为单位)。

(2) 请根据以上材料编制2018年期末合并日后合并报表的相关调整抵销分录(分录中请以万元为单位)。

合并日后合并报表编制实训练习答案

本章小结

1. 关于"未分配利润""少数股东权益""少数股东损益"三个项目及其内在联系

合并资产负债表中的"未分配利润"项目,反映的是报告期末企业集团所有者权益中归属于母公司股东的未分配利润,其金额相当于母公司的未分配利润与子公司未分配利润中归属于母公司股东的部分之和,也就是说,该项目的金额不包括子公司期末未分配利润中归属于少数股东权益的部分。

合并资产负债表中"少数股东权益"(或"归属于少数股东的权益")项目,反映全业集团的少数股东的权益,其金额相当于子公司股东权益与少数股东持股比例的乘积。合并资产负债表的股东权益部分,除"少数股东权益"项目之外的其他项目(包括股本、资本公积、盈余公积、未分配利润等)之和,构成"归属于母公司股东的权益";"归属于母公司股东的权益"与"少数股东权益"共同构成企业集团的"股东权益"。

合并利润表中的"少数股东损益"项目,反映的是报告期内子公司实现的净利润中归属于少数股东的部分。该项目金额一方面直接增加(或减少)"少数股东权益"的期末报告价值;另一方面减少(或增加)了"未分配利润"项目的期末报告价值。

2. 同一控制下的企业合并与非同一控制下的企业合并账务处理的不同之处

(1) 是否调整子公司净资产。非同一控制下的控股合并中,需要将子公司各项可辨认资产、负债调整为公允价值;而同一控制下的控股合并不需要调整子公司各项可辨认资产、负债。

(2) 是否需要对子公司的净利润进行调整。在将长期股权投资从成本法调整为权益法时,非同一控制下的控股合并中,需要以子公司各项可辨认资产、负债的公允价值为基础,对子公司当年实现的净利润进行调整,然后再将成本法转为权益法。同一控制下的控股合并中,无需对子公司当年实现的净利润进行调整。

(3) 少数股东权益的金额存在差异。非同一控制下的控股合并,确定的少数股东权益金额,与同一控制下的企业合并该项目的金额不同。同一控制下的企业合并,少数股东权益为子公司所有者权益的账面价值与少数股东持股比例的乘积。非同一控制下企业合并,少数股东权益为按照所有者权益的公允价值为基础进行调整后的金额,及子公司净资产的公允价值与少数股东持股比例的乘积。

(4) 是否涉及商誉。非同一控制下的控股合并中,有可能涉及合并商誉的确认;同一控制下企业合并中,不涉及合并商誉的确认。

思考题

1. 全资子公司与非全资子公司,编制合并报表时有何不同?
2. 少数股东权益和少数股东损益在合并报表中如何列示?
3. 编制同一控制下合并日后合并财务报表所涉及的主要调整、抵销分录的内容是什么?调整和抵销的原因分别是什么?
4. 编制非同一控制下合并日后合并财务报表所涉及的主要调整、抵销分录的内容是什么?调整和抵销的原因分别是什么?

第 5 章

集团内部存货交易

学习目标

1. 掌握企业集团内部交易的概念,并了解其分类。
2. 掌握未实现损益的含义和实质。
3. 掌握存货内部交易的调整、抵销分录。
4. 掌握内部应收、应付账款以及内部坏账准备的相关合并处理。
5. 掌握内部交易存货减值相关的合并处理。

※ 本章相关的会计准则
1.《企业会计准则第 33 号——合并财务报表》
2. IFRS 3 Business Combinations (revised 2008)

5.1 内部存货交易的抵销处理

1. 内部商品交易的简介

在日常的经营中,集团内部公司之间经常会发生各种资产的交易,比如存货、固定资产等交易。从整体上看集团内部公司之间的交易实质上只是将资产转移了存放地点,而没有产生任何损益。合并主体的财务报表反映一个如同没有内部公司之间交易发生的整体的财务状况和经营成果,合并财务报表的金额反映对合并主体以外的金额。所以在合并财务报表的编制过程中需要将其产生的影响进行抵销。

当母公司将商品销售给子公司时,母公司在其单独账上确认主营业务收入,记入"主营业务收入"账户,并结转相关主营业务成本,记入"主营业务成本"账户。由此产生的毛利,对母公司而言是已实现的利润;但对合并主体而言,在子公司没有对合并主体之外的企业出售该存货前,这种毛利是合并主体的未实现利润,故而称为未实现利润,由于有可能出现损失,所以统称为未实现损益。

内部销售存货,其相对应的主营业务收入与主营业务成本金额在编制合并财务报表的过程中应加以抵销。同样,期末存货中含有的未实现损益也应全部加以抵销。合并主营业务收入是合并主体对外界的主营业务收入,合并主营业务成本是合并主体对外界的主营业务成本,合并存货是合并主体对外界的存货成本。

具体的抵销处理分为以下三种情况:内部购买的商品全部实现对外销售;内部购买的商品全部未实现对外销售;内部购买的商品部分实现对外销售,部分形成期末存货。

2. 内部购进的商品本期全部实现对外销售

在这种情况下,销售企业和购买企业在其个别财务报表上都确认了收入,结转了成本并计算了销售利润。但从企业集团整体来看,只有对外销售一次销售交易,销售收入为购买企业销售该产品的销售收入,销售成本为销售企业购买该产品的成本。在编制合并报表时,应进行如下抵销处理:按照内部转移价格借记"营业收入",贷记"营业成本"。

3. 内部购进的商品本期全部未实现对外销售

在这种情况下,销售企业在其个别财务报表上确认了销售收入,结转了成本,并计算了销售利润。但从企业集团来看,只是商品存放地点的改变,销售并未实现。因此在编制合并财务报表时,需要将销售企业确认的内部销售收入和内部销售成本予以抵销。购买企业的个别资产负债表中存货的价值中包含的未实现内部销售损益,也必须予以抵销。借记"营业收入",贷记"营业成本"和"存货"。

4. 内部购进商品本期部分对外销售

在这种情况下,有两种会计处理方法:第一种可以将内部购买的商品分解为两部分,一部分为当期购进并全部对外销售;另一部分为当期购进但全部未实现对外销售,借记"营业收入",贷记"营业成本"和"存货";第二种会计处理方法为:按照内部销售收入金额借记"营业收入",贷记"营业成本",按照期末存货中包含的未实现内部销售损益借记"营业成本",贷记"存货"。

5.2 内部存货跌价准备的抵销处理

对于集团内部公司间销售存货计提的跌价准备,在母公司编制合并财务报表时,应使其反映合并主体对外界计提的跌价准备,也即反映合并主体的存货成本高于其可变现价值的差额。

内部购进存货跌价准备抵销处理的思路是:第一步,分析个别企业已计提减值准备的情况;第二步,分析站在企业集团的角度,应计提减值准备的情况;第三步,比较二者之差,反向抵销。按照个别企业比企业集团多计提减值准备的金额,借记"存货——存货跌价准备",贷记"资产减值损失"。抵销多转回的内部跌价准备则做反向分录。

5.3 连续编制合并报表时内部存货交易

1. 连续编制合并财务报表时内部存货交易的抵销

对于上期内部购买的商品全部实现对外销售的情况,由于不存在存货价值中包含的未实现销售损益的抵销处理,因此本期编制合并财务报表时不涉及对其的会计处理。如果未全部对外销售,形成期末存货的情况下,前一年对内部存货价值中包含的未实现销售损益的抵销,会影响到本期合并财务报表中的"期初未分配利润"的金额。因此,在连续编制合并财务报表时,应予以调整。按照上期未实现内部销售损益借记"期初未分配利润",贷记"营业成本"。然后再进行当年的抵销处理。

2. 连续编制合并财务报表时对存货跌价准备的抵销

在连续编制合并财务报表时,对于上期顺销后子公司所计提的存货跌价准备,本期应编制抵销分录以消除其对本期合并财务报表期初未分配利润的影响,借记"存货"(或"存货跌价准备"),贷记"期初未分配利润"。

5.4 实训活动

活动要求

1. 能够完成存货内部交易的相关调整、抵销分录。
2. 能够完成内部应收、应付账款以及内部坏账准备的相关合并处理。
3. 能够完成内部交易存货减值的相关合并处理。

活动内容

实训一:内部购进的商品本期全部未实现对外销售

涵田股份成立于2000年,主要从事对外承包工程业务、计算机网络信息及技术服务、多媒体技术开发;并承接计算机信息系统工程、机电设备安装工程、城市及道路照明工程、建筑装饰工程、建筑幕墙工程、电子工程等业务。星环环保主要从事与环境保护相关的业务,包括:水处理设施及工程、环境治理设施及工程、江河湖库疏浚、堤坝修筑及加固、生态湿地修复、环境污染防治工程、生态工程、土壤修复、生态修复技术的研发及推广应用等。2016年1月1日,涵田股份以现金购买了星环环保100%的股权,星环环保成为涵田股份的全资子公司。2017年6月8日,涵田股份将46 000元购入的原材料以55 000元的价格销售给星环环保,星环环保2017年未对外出售该批原材料。请编制涵田股份在2017年末编制合并财务报表的相关抵销分录。(不考虑税费相关问题)

实训二:内部购进的商品本期全部实现对外销售

盛业公司成立于2001年,是一家从事食品零售和批发的企业。博文公司成立于2009年,是一家从事食品生产及销售的企业。两家公司并未受同一方或相同多方控制。2015年2月7日,盛业公司以现金购买了博文公司100%的股权,博文公司成为盛业公司的全资子公司。2019年8月8日,盛业公司将57 000元购入的食品以70 000元的价格销售给博文公司,博文公司在2019年9月3日,将该批食品以71 000元的价格,全部销售给了集团外的公司宏大公司。请编制盛业公司在2019年末编制合并财务报表的相关抵销分录。

实训三:内部购进商品本期部分对外销售

明日科创成立于2002年,主要经营和销售各种电池管理系统、电池材料及纳米新材料,于2011年上市。田中股份成立于2005年,于2010年3月26日上市,主要生产销售自动化设备、自动化系统、自动化机械及电子部件并对自产产品提供售后维修服务。2017年8月7日,明日科创已取得了田中股份100%的股权。2018年8月8日,明日科创将一批成本为100 000元的电池材料,以130 000元的价格销售给了田中股份,田中股份在2018年11月3日,将该批电池材料的40%以70 000元的价格,全部销售给了集团外的公司天缘公司。请编制2018年末编制合并财务报表的相关抵销分录。

活动评价

实训一:业务处理

解析:该题目属于内部购销存货,当期全部未对外出售的情况,按转移价格抵销本期发生的内部交易,并抵销期末存货中包含的未实现损益,分录如下:

借:营业收入　　　　　　　　　　　　　55 000
　　贷:营业成本　　　　　　　　　　　　46 000
　　　　存货　　　　　　　　　　　　　　9 000

实训二:业务处理

解析:该题目属于内部购销存货,当期全部对外出售的情况,按照内部转移存货的价格进行抵销,分录如下:

借:营业收入　　　　　　　　　　　　　71 000
　　贷:营业成本　　　　　　　　　　　　71 000

实训三：业务处理

解析：该题目属于内部购销存货，当期部分对外出售的情况，有两种理解方式。第一种为将内部购买的存货分为两部分：一部分当期购进，全部销售；一部分当期购进，但未实现对外销售。

第一部分的抵销分录：

借：营业收入　　　　　　　　　　　　　52 000
　　贷：营业成本　　　　　　　　　　　　　52 000

第二部分的抵销分录：

借：营业收入　　　　　　　　　　　　　78 000
　　贷：营业成本　　　　　　　　　　　　　60 000
　　　　存货　　　　　　　　　　　　　　 18 000

两步合并的分录：

借：营业收入　　　　　　　　　　　　　130 000
　　贷：营业成本　　　　　　　　　　　　　112 000
　　　　存货　　　　　　　　　　　　　　 18 000

5.5　合并日后合并财务报表实训练习

实训练习一：内部应收、应付账款及内部坏账准备的相关合并处理

茉莉酒业是著名红酒品牌，从事红酒系列产品、饮品的生产与销售以及其他业务，包括饮料、食品、包装材料的生产、销售。半岛酒业主要经营粮食、药酒、含酒精饮料、啤酒的生产和开发。两家公司分属不同的企业集团。

2017年6月30日，茉莉酒业取得了半岛酒业的全部股权。同年11月20日，茉莉酒业生产的成本为80 000元红酒，以92 000元的价格销售给了半岛酒业，该批红酒半岛酒业当期未对外出售，且未向茉莉酒业支付款项。茉莉酒业按照应收账款余额的3‰计提坏账准备。请编制茉莉酒业在2018年末编制合并财务报表的相关抵销分录。

实训练习二：内部交易存货减值的相关合并处理

海天公司是一家高科技软件公司，从事通信及计算机软硬件技术开发、生产和销售，通信及计算机网络工程技术咨询业务。全程软件公司从事电子计算机软件开发、销售、电子计算机批发和零售、电子计算机技术服务、技术咨询等业务。2016年3月31日，海天公司取得了全程软件公司的全部股权。同年11月15日，海天公司向全程软件销售100台计算机硬件设备，单价9 600元，售价12 000元。截至2018年12月31日，全程软件公司未向海天公司支付款项,海天公司按照应收账款余额的5‰计提坏账准备。2018年12月8日,全程软件公司将该批硬件设备的50台销售给了集团外的公司——鸿运公司。期末对上述剩余50台硬件设备进行减值测试,其可变现净值已降至10 000元。请编制茉莉酒业在2018年末编制合并财务报表的相关抵销分录。

存货内部交易实训练习答案

本章小结

对于存货内部交易以及由其所引发的内部债权债务、坏账准备和存货减值的相关合并处理,均需站在企业集团整体的角度,并思考合并整体与企业个别会计处理之间的区别来完成。同时需注意调整往期的合并处理对本期合并期初未分配利润的影响。

思考题

1. 为什么对集团存货内部交易进行抵销处理?
2. 在连续编制合并财务报表时,为什么首先要对上期抵销分录对本期的影响进行处理,并调整"未分配利润——期初"?

第 6 章

集团内部固定资产交易

学习目标

1. 掌握内部交易固定资产交易当期的合并处理。
2. 掌握内部交易固定资产在购买方交易当期后的持有期间的合并处理。
3. 掌握内部交易固定资产清理期间的合并处理。

※ **本章相关的会计准则**
1.《企业会计准则第 33 号——合并财务报表》
2. IFRS 3 Business Combinations（revised 2008）

6.1 内部固定资产交易当期的抵销处理

1. 固定资产内部交易发生于交易当期期末

若该固定资产内部交易发生于交易当期期末，假设购买方的购入价格高于该固定资产内部交易时的账面价值（以下同），则在编制合并财务报表时，只需抵销因内部交易产生的销售方内部利润（对企业集团整体而言是未实现销售损益）及购买方固定资产入账价值的虚增（此处的销售方、购买方是指固定资产内部交易中的销售方、购买方，以下均简称为销售方、购买方）：

（1）若该固定资产是销售方的原固定资产，则抵销分录为
　借：资产处置损益（销售方因该固定资产交易形成的内部利润）
　　　贷：固定资产（购买方固定资产入账价值的虚增）

（2）若该固定资产是销售方的产成品，则抵销分录为：
　借：营业收入（销售方内部销售收入）
　　　贷：营业成本（销售方内部销售成本）
　　　　　固定资产（购买方固定资产入账价值的虚增）

2. 固定资产内部交易并非发生于交易当期期末

若该固定资产内部交易并非发生于交易当期期末,在编制合并财务报表时,除了需要处理内部交易本身所带来的影响外,还需以购买方当期对该固定资产的折旧为基础,调整出企业集团在本期对该固定资产的折旧处理结果。分录如下(假设销售方处置该固定资产得到净收益):

借:累计折旧(本年多计提的累计折旧)
　　贷:相关折旧费用(本年多计提的累计折旧)

6.2　对于往年固定资产内部交易,至清理期前的合并处理

内部交易当年形成了未实现的内部销售损益,体现在购买方个别报表中则为该项固定资产入账价值的虚增,导致了多计提的累计折旧和多形成的折旧费用。因此,需将对企业集团而言多计提的累计折旧和折旧费用进行抵销。需要完成的抵销分录包括:

(1) 抵销当年内部交易的未实现损益,已计入本年期初未分配利润;
(2) 抵销往年多计提的累计折旧;
(3) 抵销本年多计提的累计折旧。

抵销分录为:

借:期初未分配利润(销售方因该固定资产交易形成的内部利润)
　　贷:固定资产(购买方固定资产入账价值的虚增)
借:累计折旧(往年多计提的累计折旧)
　　贷:期初未分配利润(往年多计提的累计折旧)
借:累计折旧(本年多计提的累计折旧)
　　贷:相关折旧费用(本年多计提的累计折旧)

6.3　内部交易固定资产清理期间的合并处理

分为三种情况:按期处置、超期使用、提前处置。

1. 按期处置

借:期初未分配利润(销售方因该固定资产交易形成的内部利润)
　　贷:资产处置损益(购买方固定资产入账价值的虚增)
借:资产处置损益(往年多计提的累计折旧)
　　贷:期初未分配利润(往年多计提的累计折旧)

(若期满如期报废,则将分录中的资产处置损益替换为营业外收入)

借：营业外收入(本年多计提的累计折旧)
    贷：管理费用(本年多计提的累计折旧)

2. 超期使用

① 期满当年

借：期初未分配利润(销售方因该固定资产交易形成的内部利润)
    贷：固定资产(购买方固定资产入账价值的虚增)
借：累计折旧(往年多计提的累计折旧)
    贷：期初未分配利润(往年多计提的累计折旧)
借：累计折旧(本年多计提的累计折旧)
    贷：管理费用(本年多计提的累计折旧)

② 期满后各年

借：期初未分配利润
    贷：固定资产
借：累计折旧
    贷：期初未分配利润

3. 提前处置

借：期初未分配利润(销售方因该固定资产交易形成的内部利润)
    贷：资产处置损益(购买方固定资产入账价值的虚增)
借：资产处置损益(往年多计提的累计折旧)
    贷：期初未分配利润(往年多计提的累计折旧)
借：资产处置损益(本年多计提的累计折旧)
    贷：管理费用(本年多计提的累计折旧)

6.4 实训活动

活动要求

1. 能够完成固定资产内部交易的相关调整、抵销分录。
2. 能够根据上述调整、抵销分录,填制合并工作底稿中的相关内容。

活动内容

实训：固定资产内部交易的合并调整、抵销处理

甲公司和乙公司均被 A 公司所控制。2015 年 1 月 1 日,甲公司将一项自用固定资产以 2 000 万元的价格销售给乙公司。该项固定资产原值 3 000 万元,内部交易前已计提折旧 1 400 万元,剩余使用年限为 4 年,无预计净残值,以年限平均法计提折旧。乙公司购进该固定资产后用于企业管理。为简化处理,2018 年该固定资产以 12 个月计提折旧。

要求:

(1) 请编制 2015 年期末有关该项固定资产的合并抵销分录;

(2) 请编制 2016 年期末有关该项固定资产的合并抵销分录;

(3) 请编制 2017 年期末有关该项固定资产的合并抵销分录;

(4) 若乙公司于 2017 年期末处置该项固定资产,请编制 2017 年期末有关该项固定资产的合并抵销分录;

(5) 请分别按照按期处置、超期使用两种情况编制 2018 年期末有关该项固定资产的合并抵销分录。

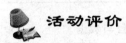

实训业务处理

(1) 2015 年期末有关该项固定资产的合并抵销分录

抵销乙公司固定资产入账价值中含有的未实现损益:

借:资产处置损益　　　　　　　　　　　　　400
　　贷:固定资产原价　　　　　　　　　　　　　400　①

抵销本期多计提的折旧:

借:累计折旧　　　　　　　　　　　　　　　100
　　贷:管理费用　　　　　　　　　　　　　　　100　②

其合并工作底稿如表 6-1 所示。

表 6-1　合并工作底稿　　　　　　　　　　　　单位:万元

项目	母公司	子公司	调整分录		抵销分录		少数股东权益	合并数
			借方	贷方	借方	贷方		
资产负债表项目								
……								
固定资产原价		2 000				400①		1 600
累计折旧		500			100②			400
固定资产净值		1500			100	400		1 200
……								
利润表项目								
……								
管理费用		500				100②		400
……								
资产处置收益	400				400①			0

续表

项目	母公司	子公司	调整分录		抵销分录		少数股东权益	合并数
			借方	贷方	借方	贷方		
……								
加：营业外收入								
……								
利润总额（亏损总额以"－"号填列）	400	－500						－400
净利润（亏损总额以"－"号填列）	400	－500						－400
股东权益变动表项目								
期初未分配利润	0	0						0
……								
期末未分配利润	400	－500			400	100		－400

合并工作底稿中仅反映与该项固定资产内部交易相关的报表项目与数据。

(2) 2016 年期末有关该项固定资产的合并抵销分录

抵销内部交易时形成的包含在固定资产价值中的未实现损益

借：期初未分配利润　　　　　　　　　　400
　　　贷：固定资产原价　　　　　　　　　　　　　400　①

抵销往期多计提的折旧

借：累计折旧　　　　　　　　　　　　100
　　　贷：期初未分配利润　　　　　　　　　　　　100　②

抵销本期多计提的折旧

借：累计折旧　　　　　　　　　　　　100
　　　贷：管理费用　　　　　　　　　　　　　　　100　③

其合并工作底稿如表 6-2 所示。

表 6-2　合并工作底稿　　　　　　　　　　　　　　　　单位：万元

项目	母公司	子公司	调整分录		抵销分录		少数股东权益	合并数
			借方	贷方	借方	贷方		
资产负债表项目								
……								
固定资产原价		2 000				400①		1600
累计折旧		1 000			100② 100③			800
固定资产净值		1 000			200	400		800
……								
利润表项目								
……								
管理费用		500				100③		400

续表

项　　目	母公司	子公司	调整分录 借方	调整分录 贷方	抵销分录 借方	抵销分录 贷方	少数股东权益	合并数
……								
资产处置收益								
……								
加：营业外收入								0
……								
利润总额（亏损总额以"－"号填列）	0	－500				100		－400
净利润（亏损总额以"－"号填列）	0	－500				100		－400
股东权益变动表项目								
期初未分配利润	400	－500			400①	100②		－400
……								
期末未分配利润	400	－1 000			400	200		－800

合并工作底稿中仅反映与该项固定资产内部交易相关的报表项目与数据。

(3) 2017年期末有关该项固定资产的合并抵销分录

抵销内部交易时形成的包含在固定资产价值中的未实现损益

借：期初未分配利润　　　　　　　　　　400
　　贷：固定资产原价　　　　　　　　　　　400　①

抵销往期多计提的折旧

借：累计折旧　　　　　　　　　　　　　200
　　贷：期初未分配利润　　　　　　　　　　200　②

抵销本期多计提的折旧

借：累计折旧　　　　　　　　　　　　　100
　　贷：管理费用　　　　　　　　　　　　　100　③

其合并工作底稿如表6-3所示。

表6-3　合并工作底稿　　　　　　　　　　　　　　　　　单位：万元

项　　目	母公司	子公司	调整分录 借方	调整分录 贷方	抵销分录 借方	抵销分录 贷方	少数股东权益	合并数
资产负债表项目								
……								
固定资产原价		2 000				400①		1 600
累计折旧		1 500			200② 100③			800
固定资产净值		500			300	400		400
……								

续表

项　　目	母公司	子公司	调整分录		抵销分录		少数股东权益	合并数
			借方	贷方	借方	贷方		
利润表项目								
……								
管理费用		500				100③		400
……								
资产处置收益								
……								
加：营业外收入								0
……								
利润总额（亏损总额以"－"号填列）	0	－500				100		－400
……								
净利润（亏损总额以"－"号填列）	0	－500				100		－400
股东权益变动表项目								
期初未分配利润	400	－1 000			400①	200②		－800
……								
期末未分配利润	400	－1 500			400	300		－1 200

合并工作底稿中仅反映与该项固定资产内部交易相关的报表项目与数据。

（4）乙公司于2017年期末处置该项固定资产，处置净收入为50万元。有关该项固定资产的合并抵销分录

抵销内部交易时形成的包含在固定资产价值中的未实现损益

借：期初未分配利润　　　　　　　　　　400
　　贷：资产处置损益　　　　　　　　　　　　400　①

抵销往期多计提的折旧

借：资产处置损益　　　　　　　　　　200
　　贷：期初未分配利润　　　　　　　　　　　200　②

抵销本期多计提的折旧

借：资产处置损益　　　　　　　　　　100
　　贷：管理费用　　　　　　　　　　　　　　100　③

其合并工作底稿如表6-4所示。

表6-4　合并工作底稿　　　　　　　　　　　　　　　　　　单位：万元

项　　目	母公司	子公司	调整分录		抵销分录		少数股东权益	合并数
			借方	贷方	借方	贷方		
资产负债表项目								
……								
固定资产原价		0						0

续表

项 目	母公司	子公司	调整分录 借方	调整分录 贷方	抵销分录 借方	抵销分录 贷方	少数股东权益	合并数
累计折旧		0						0
固定资产净值		0						0
……								
利润表项目								
……								
管理费用		500				100③		400
……								
资产处置收益	0	50			200② 100③	400①		150
……								
加：营业外收入								
……								
利润总额（亏损总额以"—"号填列）	0	−450			300	500		−250
……								
净利润（亏损总额以"—"号填列）	0	−450			300	500		−250
股东权益变动表项目								
期初未分配利润	400	−1 000			400①	200②		−800
……								
期末未分配利润	400	−1 450			700	700		−1 050

合并工作底稿中仅反映与该项固定资产内部交易相关的报表项目与数据。

(5) a. 按期处置

2018年乙公司按期处置该项固定资产，处置净收入为20万元。期末有关该项固定资产的合并抵销分录

抵销内部交易时形成的包含在固定资产价值中的未实现损益

借：期初未分配利润　　　　　　　　　400
　　贷：资产处置损益　　　　　　　　　　　400　①

抵销往期多计提的折旧

借：资产处置损益　　　　　　　　　　300
　　贷：期初未分配利润　　　　　　　　　　300　②

抵销本期多计提的折旧

借：资产处置损益　　　　　　　　　　100
　　贷：管理费用　　　　　　　　　　　　　100　③

其合并工作底稿如表6-5所示。

表 6-5 合并工作底稿　　　　　　　　　　　　　　　　单位：元

项目	母公司	子公司	调整分录 借方	调整分录 贷方	抵销分录 借方	抵销分录 贷方	少数股东权益	合并数
资产负债表项目								
……								
固定资产原价		0						0
累计折旧		0						0
固定资产净值		0						0
……								
利润表项目								
……								
管理费用		500				100③		400
……								
资产处置收益	0	20			300② 100③	400①		20
……								
加：营业外收入	0	20			300② 100③	400①		20
……								
利润总额（亏损总额以"－"号填列）	0	－480			400	500		－380
……								
净利润（亏损总额以"－"号填列）	0	－480			400	500		－380
股东权益变动表项目								
期初未分配利润	400	－1 500			400①	300②		－1 200
……								
期末未分配利润	400	－1 980			800	800		－1 580

合并工作底稿中仅反映与该项固定资产内部交易相关的报表项目与数据。

b. 超期使用

2018年乙公司超期使用该项固定资产，期末有关该项固定资产的合并抵销分录

抵销内部交易时形成的包含在固定资产价值中的未实现损益

借：期初未分配利润　　　　　　　　　　　　400
　　贷：固定资产原价　　　　　　　　　　　　　　400　　①

抵销往期多计提的折旧

借：累计折旧　　　　　　　　　　　　　　　300
　　贷：期初未分配利润　　　　　　　　　　　　　300　　②

抵销本期多计提的折旧

借：累计折旧　　　　　　　　　　　　　　　100
　　贷：管理费用　　　　　　　　　　　　　　　　100　　③

其合并工作底稿如表 6-6 所示。

表 6-6 合并工作底稿　　　　　　　　　　　　　　　　单位：万元

项目	母公司	子公司	调整分录 借方	调整分录 贷方	抵销分录 借方	抵销分录 贷方	少数股东权益	合并数
资产负债表项目								
……								
固定资产原价	2 000					400①		1 600
累计折旧	2 000				300②			1 600
固定资产净值	0							0
……								
利润表项目								
……								
管理费用	500					100③		400
……								
资产处置收益								
……								
加：营业外收入								0
利润总额（亏损总额以"－"号填列）	－500							－400
……								
净利润（亏损总额以"－"号填列）	－500							－400
股东权益变动表项目								
期初未分配利润	400	－1 500			400①	300②		－1 200
……								
期末未分配利润	400	－2 000			800	800		－1 600

合并工作底稿中仅反映与该项固定资产内部交易相关的报表项目与数据

2019 年超期使用该项固定资产，期末有关该项固定资产的合并抵销分录：

借：期初未分配利润　　　　　　　　　　　　　400
　　贷：固定资产原价　　　　　　　　　　　　　　　400
借：累计折旧　　　　　　　　　　　　　　　　400
　　贷：期初未分配利润　　　　　　　　　　　　　　400

或不再编制分录

6.5　集团内部固定资产交易实训练习

实训练习一

2015 年 1 月 1 日，母公司将净值为 20 000 元的固定资产以 24 800 元的售价卖给其子公司作为固定资产使用，子公司规定该固定资产的使用年限为 4 年，无预计净残值，采用年限平均法计提折旧,并且将折旧金额计入管理费用。

请根据下述不同情况,编制与该内部固定资产交易相关的抵销分录。(为简化处理,当年固定资产按12个月计提折旧,不考虑税费相关问题)。

情况一:若该固定资产于2018年12月按期处置,取得处置收入1 000元,请编制2015年至2018年每年期末与该内部固定资产交易相关的抵销分录。

情况二:该固定资产于2018年12月使用期满,若并未报废,仍正常使用,请编制2018年期末与该内部固定资产交易相关的抵销分录。

情况三:若子公司于2017年12月将该固定资产提前处置,得到处置收入7 000元,请编制2017年期末与该内部固定资产交易相关的抵销分录。

实训练习二

如上题,若子公司于2017年12月发现该内部交易固定资产可收回金额为4 500元,因此计提减值准备。请编制2017年期末以及2018年继续使用时,期末企业集团与该内部固定资产交易相关的抵销分录。

合并日后合并报表编制实训练习答案

本章小结

对于固定资产内部交易的相关合并处理,可以分三步:

第一步,企业集团内部对固定资产进行交易时,针对交易本身的合并处理。关于该问题需要考虑不同的交易类型。对购买方而言该交易属于购入固定资产,但对于销售方而言,该交易可能是对固定资产的清理,也可能是对存货的销售。对购买方而言,针对不同的交易类型会做出不同的会计处理,从而也会影响建立在个体会计处理基础之上的合并会计处理。

第二步,交易之后至清理期前,在购买方对内部交易固定资产的该段使用过程中,进行合并会计处理时,需站在企业集团的整体角度上,以购买方个体折旧会计处理为基础,将其调整为企业集团的折旧处理数据。如果固定资产内部交易的购买价格高于交易时的账面价值,那么进行合并处理时需在个体折旧数的基础上进行抵减处理;如果固定资产内部交易的购买价格低于交易时的账面价值,那么进行合并处理时需在个体折旧数的基础上进行补提处理。

第三步，内部交易固定资产清理期间的合并处理。可分为按期清理、超期使用和提前清理三种情况进行处理。

 思考题

1. 对存货内部交易的合并处理与对固定资产内部交易的合并处理有什么不同？
2. 对于固定资产内部交易时所产生的未实现损益，在交易发生之后会发生怎样的变化？为什么？

第 7 章

外币交易会计

学习目标

1. 掌握外币交易概念。
2. 掌握外币交易汇兑损益处理。
3. 掌握外币交易业务处理。

※ **本章相关的会计准则**

1. 《企业会计准则第 19 号——外币折算》
2. IAS 21 The Effects of Changes in Foreign Exchange Rates(revised 2003)

7.1 外币交易定义

外币交易概念：是指以外币计价或者结算的交易。外币是企业记账本位币以外的货币。外币交易包括：

(1) 买入或者卖出以外币计价的商品或者劳务；
(2) 借入或者借出外币资金；
(3) 其他以外币计价或者结算的交易。

7.2 记账本位币的确定

记账本位币概念：是指企业经营所处的主要经济环境中的货币。

企业通常应选择人民币作为记账本位币。业务收支以人民币以外的货币为主的企业，可以按照以下规定(本章相关的会计准则第五条规定)选定其中一种货币作为记账本位币。但是，编报的财务报表应当折算为人民币。

1. 企业选定记账本位币，应当考虑下列因素

(1) 该货币主要影响商品和劳务的销售价格，通常以该货币进行商品和劳务的计价

和结算;

(2) 该货币主要影响商品和劳务所需人工、材料和其他费用,通常以该货币进行上述费用的计价和结算;

(3) 融资活动获得的货币以及保存从经营活动中收取款项所使用的货币。

境外经营,是指企业在境外的子公司、合营企业、联营企业、分支机构。

在境内的子公司、合营企业、联营企业、分支机构,采用不同于企业记账本位币的,也视同境外经营。

2. 企业选定境外经营的记账本位币,还应当考虑下列因素

(1) 境外经营对其所从事的活动是否拥有很强的自主性;

(2) 境外经营活动中与企业的交易是否在境外经营活动中占有较大比重;

(3) 境外经营活动产生的现金流量是否直接影响企业的现金流量,是否可以随时汇回;

(4) 境外经营活动产生的现金流量是否足以偿还其现有债务和可预期的债务。

企业记账本位币一经确定,不得随意变更,除非企业经营所处的主要经济环境发生重大变化。

企业因经营所处的主要经济环境发生重大变化,确需变更记账本位币的,应当采用变更当日的即期汇率将所有项目折算为变更后的记账本位币。

7.3 外币交易的相关会计处理

企业对于发生的外币交易,应当将外币金额折算为记账本位币金额。

外币交易应当在初始确认时,采用交易发生日的即期汇率将外币金额折算为记账本位币金额;也可以采用按照系统合理的方法确定的、与交易发生日即期汇率近似的汇率折算。

企业在资产负债表日,应当按照下列规定对外币货币性项目和外币非货币性项目进行处理:

(1) 外币货币性项目(货币性项目是指企业持有的货币资金和将以固定或可确定的金额收取的资产或者偿付的负债),采用资产负债表日即期汇率折算。因资产负债表日即期汇率与初始确认时或者前一资产负债表日即期汇率不同而产生的汇兑差额,计入当期损益。

(2) 以历史成本计量的外币非货币性项目(非货币性项目是指货币性项目以外的项目),仍采用交易发生日的即期汇率折算,不改变其记账本位币金额。

7.4 实训活动

活动要求

1. 掌握记账本位币的确定。
2. 掌握外币交易的核算。
3. 掌握汇兑损益的处理方法。

活动内容（按照业务类型对外币交易进行分类）

实训一：外币兑换业务

甲公司的记账本位币为人民币。2018年11月1日，甲公司在银行将其所持有的20 000美元兑换为人民币。假设当日银行对美元的买入价为1美元＝6.85元人民币，中间价为1美元＝6.88元人民币。

乙公司的记账本位币为人民币。2019年3月1日，因生产经营的需要，乙公司向银行买入10 000美元。假设当日银行对美元的卖出价为1美元＝6.72元人民币，中间价为1美元＝6.70元人民币。

实训二：外币采购业务

1. 购买存货

（1）宏欣公司的记账本位币为人民币，因生产商品需要A材料，该原材料只能从国外购入。宏欣公司于2018年12月3日购入A材料100千克，每千克50美元，共计5 000美元，增值税以银行存款支付，货款尚未支付。假设采购当日即期汇率为1美元＝6.85元人民币，12月31日即期汇率为1美元＝6.90元人民币。

（2）宏欣公司于2019年2月3日偿还该笔应付账款，当日即期汇率为1美元＝6.71元人民币。

（3）截至2018年12月31日，A材料库存80千克，国内市场尚无A材料的销售供应，国际市场中A材料的价格已降至每千克45美元。

2. 购买固定资产

宏欣公司于2018年11月21日从美国购入一台固定资产，价格为50 000美元，该项固定资产不需安装，购入后即可投入使用。当日即期汇率为1美元＝6.94元人民币，价款及增值税以银行存款支付。

实训三：外币销售业务

(1) 宏欣公司的记账本位币为人民币，于 2018 年 12 月 1 日向美国 A 公司销售商品一批。该批商品共 60 件，每件价格为 100 美元，货款尚未收到。假设不考虑相关税费问题，销售当日即期汇率为 1 美元＝6.83 元人民币，12 月 31 日即期汇率为 1 美元＝6.90 元人民币。

(2) 宏欣公司在 2019 年 2 月 1 日收到该笔应收账款，并存入银行，当日即期汇率为 1 美元＝6.71 元人民币。

实训四：外币借款业务

宏欣公司的记账本位币为人民币，2018 年 12 月 1 日宏欣公司从银行借入 20 000 美元，期限 6 个月，年利率 6%，到期一次还本付息。假设借款当日即期汇率为 1 美元＝6.95 元人民币，12 月 31 日即期汇率为 1 美元＝6.90 元人民币，2019 年 6 月 1 日即期汇率为 1 美元＝6.92 元人民币。

实训五：外币投入资本业务

宏欣公司于 2018 年 12 月 18 日收到外商投资 800 000 美元，假设当日即期汇率为 1 美元＝6.89 元人民币，投资合同中约定汇率为 1 美元＝6.80 元人民币。

实训六：外币投资业务

2018 年 12 月 17 日宏欣公司购买 M 公司 B 股股票 20 000 股，每股 2.3 美元，假设当日即期汇率为 1 美元＝6.89 元人民币，12 月 31 日，B 股股价为每股 2.5 美元，当日即期汇率为 1 美元＝6.90 元人民币。2019 年 1 月 21 日，宏欣公司以每股 2.8 美元的价格将 20 000 股股票全部售出，当日即期汇率为 1 美元＝6.78 元人民币。

 活动评价

实训一：业务处理

甲公司相关会计分录为
借：银行存款——人民币　　　　　　　　　　　　137 000
　　财务费用——汇兑损益　　　　　　　　　　　　　600
　　贷：银行存款——美元　　　　　　　　　　　　　　137 600
乙公司相关会计分录为
借：银行存款——美元　　　　　　　　　　　　　67 000
　　财务费用——汇兑损益　　　　　　　　　　　　　200
　　贷：银行存款——人民币　　　　　　　　　　　　　67 200

实训二：业务处理

1. 购买存货

（1）宏欣公司相关会计分录为

借：原材料——A 材料	34 250
应交税费——应交增值税（进项税额）	5 480
贷：应付账款——美元	34 250
银行存款	5 480

12 月 31 日按照期末汇率对应付账款记账本位币金额进行调整：

借：财务费用——汇兑损益	250
贷：应付账款——美元	250

（2）宏欣公司相关会计分录为

借：应付账款——美元	34 500
贷：银行存款——美元	33 550
财务费用——汇兑损益	950

（3）库存 A 材料的历史成本：50×80×6.85＝27 400（元）

库存 A 材料的可变现净值：45×80×6.90＝24 840（元）

所以库存 A 材料发生减值：27 400－24 840＝2 560（元）

宏欣公司相关会计分录为

借：资产减值损失	2 560
贷：存货跌价准备	2 560

2. 购买固定资产

宏欣公司相关会计分录为

借：固定资产	347 000
应交税费——应交增值税（进项税额）	58 990
贷：银行存款	405 990

固定资产属于非货币性资产，所以在 2018 年 11 月 30 日无须按照当日即期汇率对该项固定资产金额进行调整。在资产负债表日，若该项固定资产的可变现净值仍以外币反映，则需将其按照当日即期汇率折算为记账本位币金额，然后与资产负债表日账面价值进行比较，以确定是否发生减值。

实训三：业务处理

（1）宏欣公司相关会计分录为

借：应收账款——美元	40 980

贷：主营业务收入　　　　　　　　　　　　　　　　40 980

12月31日按照期末汇率进行调整：

借：应收账款——美元　　　　　　　　　　　　　　　420

　　贷：财务费用——汇兑损益　　　　　　　　　　　　420

（2）宏欣公司相关会计分录为

借：银行存款——美元　　　　　　　　　　　　　　40 260

　　财务费用——汇兑损益　　　　　　　　　　　　 1 140

　　贷：应收账款——美元　　　　　　　　　　　　　41 400

实训四：业务处理

借款日相关会计分录为

借：银行存款——美元　　　　　　　　　　　　　139 000

　　贷：短期借款——美元　　　　　　　　　　　　139 000

2018年12月31日相关会计分录为

计提利息：

20 000×6%/12×6.90＝690（元）

借：财务费用——利息　　　　　　　　　　　　　　　690

　　贷：应付利息　　　　　　　　　　　　　　　　　　690

按照期末即期汇率对短期借款进行调整：

20 000×(6.90－6.95)＝－1 000（元）

借：短期借款——美元　　　　　　　　　　　　　 1 000

　　贷：财务费用——汇兑损益　　　　　　　　　　 1 000

2019年6月1日还款日相关会计分录为

分析：2019年1月1日至6月1日应计提的利息为：20 000×6%/12×5×6.92＝3 460（元）。

在还款日对2018年12月计提的利息进行调整：20 000×6%/12×(6.92－6.90)＝2（元）。

在还款日对短期借款进行调整：20 000×(6.92－6.90)＝400（元）。

借：短期借款——美元　　　　　　　　　　　　　138 000

　　应付利息　　　　　　　　　　　　　　　　　　　690

　　财务费用——利息　　　　　　　　　　　　　 3 460

　　　　　　——汇兑损益　　　　　　　　　　　　　402

　　贷：银行存款——美元　　　　　　　　　　　　142 552

实训五：业务处理

对于外币投资的确认，采用投资当日的即期汇率，而非约定汇率。

相关会计分录为

借：银行存款——美元　　　　　　　　　　　　　　5 512 000
　　贷：股本　　　　　　　　　　　　　　　　　　　　5 512 000

实训六：业务处理

购入股票的会计分录为

借：交易性金融资产——成本　　　　　　　　　　　316 940
　　贷：银行存款——美元　　　　　　　　　　　　　　316 940

12月31日，股票价格及汇率发生变化，对该项交易性金融资产的价值进行调整：

借：交易性金融资产——公允价值变动损益　　　　　 28 060
　　贷：公允价值变动损益　　　　　　　　　　　　　　 28 060

2019年1月21日，将全部股票售出：

借：银行存款——美元　　　　　　　　　　　　　　379 680
　　贷：交易性金融资产——成本　　　　　　　　　　　316 940
　　　　　　　　　　　　——公允价值变动损益　　　　 28 060
　　　　投资收益　　　　　　　　　　　　　　　　　　 34 680
借：公允价值变动损益　　　　　　　　　　　　　　 28 060
　　贷：投资收益　　　　　　　　　　　　　　　　　　 28 060

本题总结：此种情况中，汇率变动引起的汇兑损益并未单独确认，而是与公允价值的变动所带来的影响在股票出售前一同确认在公允价值变动损益中，当股票出售之后，二者共同转入投资收益。

7.5　外币交易实训练习

实训练习一：外币交易采购业务

2016年12月1日，海联公司（中国公司）向美国某公司进口一批商品，价款为10 000美元。按照合约约定，款项于2017年1月10日支付。假定该项交易期间汇率变动情况如下：

(1) 交易发生日，2016年12月1日汇率为＄1＝￥6.20；
(2) 报表编制日（资产负债表日），2016年12月31日汇率为＄1＝￥6.25；
(3) 结算日，2017年1月10日汇率为＄1＝￥6.23。

海联公司以人民币为功能性货币，发生以美元结算的业务为外币业务。

要求：按照两笔交易观的观点，编制海联公司对该交易的会计处理分录。

实训练习二：外币交易销售业务

2017年12月1日，海联公司（中国公司）向美国某公司销售一批商品，价款20 000美元。双方约定货款于次年2月10日结算。

（1）交易发生日，2017年12月1日汇率￥8.10/＄1；

（2）报表编制日（资产负债表日），2017年12月31日的即期汇率为￥8.40/＄1；

（3）结算日，2018年2月10日乙企业和甲企业如数支付了上述货款。当月结账日的汇率为￥8.35/＄1。

要求：按照两笔交易观的观点，编制海联公司对该交易的会计处理分录。

外币交易实训练习答案

本章小结

1. 初始确认

根据准则，初始确认时，应采用交易发生日的即期汇率将外币金额折算为记账本位币金额；也可以采用按照系统合理的方法确定的、与交易发生日即期汇率近似的汇率折算。

即期汇率，通常是指中国人民银行公布的当日人民币外汇牌价的中间价。企业发生的外币兑换业务或涉及外币兑换的交易事项，应当按照交易实际采用的汇率（即银行买入价或卖出价）折算。

即期汇率的近似汇率，是指按照系统合理的方法确定的、与交易发生日即期汇率近似的汇率，通常采用当期平均汇率或加权平均汇率等。

企业通常应当采用即期汇率进行折算。汇率变动不大的，也可以采用即期汇率的近似汇率进行折算。

根据准则对外币交易的规定，实训内容中将外币交易细分为以下几类：

（1）外币兑换业务；

（2）外币采购业务；

（3）外币销售业务；

(4) 外币借款业务；

(5) 外币投入资本业务；

(6) 外币投资业务。

2. 资产负债表日的后期调整

根据准则，在资产负债表日，对于货币性项目与非货币性项目有不同的处理方式。

(1) 货币性项目，包括货币性资产和货币性负债，货币性资产如现金、银行存款、应收账款、其他应收款、长期应收款等。货币性负债包括应付账款、其他应付款、短期借款、应付债券、长期借款、长期应付款等。外币货币性项目采用资产负债表日即期汇率折算。因资产负债表日即期汇率与初始确认时或者前一资产负债表日即期汇率不同而产生的汇兑差额，计入当期损益。

(2) 非货币性项目，如预付账款、预收账款、存货、长期股权投资、交易性金融资产、固定资产、无形资产等。

① 对于以历史成本计量的外币非货币性项目，已在初始确认时按照当日即期汇率折算予以折算，确定其历史成本，资产负债表日并不改变其原记账本位币金额，因此并不产生汇兑差额。

② 对于存货，因为在资产负债表日需以成本与可变现净值孰低法对其进行计量，所以对于外币购入且其可变现净值以外币计量的存货，在资产负债表日确定其金额时需考虑汇率变动所带来的影响。

③ 对于以公允价值计量的非货币性项目，比如股票、基金等，若其公允价值在资产负债表日以外币反映，则需先将其公允价值与当日即期汇率相乘，折算为记账本位币金额，然后与原记账本位币金额相比较，二者差额即为公允价值变动损益，计入当期损益。

思考题

1. 如何确定记账本位币？
2. 外币交易如何进行初始确认？
3. 外币交易如何进行期末调整或结算？

第 8 章

衍生金融工具会计

学习目标

1. 熟悉衍生金融工具的含义及分类。
2. 掌握套期保值的概念。
3. 掌握套期关系的含义与套期有效性条件。
4. 掌握套期保值的分类及其会计处理。
5. 熟悉外币交易的套期保值的会计业务处理。
6. 熟悉利率互换的套期保值的会计业务处理。

※ 本章相关的会计准则

1. 《企业会计准则第 22 号——金融工具确认和计量》,2017 年修订
2. 《企业会计准则第 23 号——金融资产转移》,2017 年修订
3. 《企业会计准则第 24 号——套期保值》,2017 年修订
4. 《企业会计准则第 37 号——金融工具列报》,2017 年修订
5. IFRS 9 Financial Instruments (revised 2014)

8.1 衍生金融工具的含义及分类

1. 衍生金融工具的含义

衍生金融工具是指满足以下特征的金融合约:
(1) 其价值取决于一种或多种基础资产或指数,如:汇率、股票指数、费率指数、信用等级、信用指数等。
(2) 不要求初始净投资或只要求很少的初始净投资。有的与合同标的金额相比,初始净投资额只占很小的比重。
(3) 在将来某个日期交割。包括金融远期、金融期货、金融期权和金融互换。

2. 衍生金融工具分类

衍生金融工具的种类多种多样，业界常常将衍生工具区分为四种基本形态，远期合约(forward contracts)、期货合约(futures contracts)、期权合约(option contracts)和互换合约(swaps contracts)。

上述基本形态可以组合出新的产品形态，如期货期权(futures option)、远期互换(forward swap)、互换期货(swap future)和互换期权(swaption)等。

8.2 套期保值

1. 套期保值的概念

企业为管理外汇风险、利率风险、价格风险、信用风险等特定风险引起的风险敞口，制定金融工具为套期工具，以使套期工具的公允价值或现金流量变动，预期抵销被套期项目或部分的公允价值或现金流量变动的风险管理活动。

2. 套期保值的分类

套期保值分为公允价值套期、现金流量套期和境外经营净投资套期。

(1) 公允价值套期(fair value hedge)

是指对已确认资产或负债、尚未确认的确定承诺，或上述项目组成部分的公允价值变动风险敞口进行的套期。该公允价值变动源于特定风险，且将影响企业的损益或其他综合收益。其中，影响其他综合收益的情形，仅限于企业对指定为以公允价值计量且其变动计入其他综合收益的非交易性权益工具投资的公允价值变动风险敞口进行的套期。

(2) 现金流量套期(cash flow hedge)

是指对现金流量变动风险敞口进行的套期。该现金流量变动源于与已确认资产或负债、极可能发生的预期交易，或与上述项目组成部分有关的特定风险，且将影响企业的损益。

(3) 境外经营净投资套期(hedge of a net investment in a foreign operation)

是指对境外经营净投资外汇风险敞口进行的套期。境外经营净投资，是指企业在境外经营净资产中的权益份额。

对确定承诺的外汇风险进行的套期，企业可以将其作为公允价值套期或现金流量套期处理。

3. 套期工具和被套期项目

(1) 套期工具

是指企业为进行套期而指定的、其公允价值或现金流量变动预期可抵销被套期项目

的公允价值或现金流量变动的金融工具,包括:

① 以公允价值计量且其变动计入当期损益的衍生工具,但签出期权除外。企业只有在对购入期权(包括嵌入在混合合同中的购入期权)进行套期时,签出期权才可以作为套期工具。嵌入在混合合同中但未分拆的衍生工具不能作为单独的套期工具。

② 以公允价值计量且其变动计入当期损益的非衍生金融资产或非衍生金融负债,但指定为以公允价值计量且其变动计入当期损益,其自身信用风险变动引起的公允价值变动计入其他综合收益的金融负债除外。

企业自身权益工具不属于企业的金融资产或金融负债,不能作为套期工具。

对于外汇风险套期,企业可以将非衍生金融资产(选择以公允价值计量且其变动计入其他综合收益的非交易性权益工具投资除外),或非衍生金融负债的外汇风险成分指定为套期工具。

在确立套期关系时,企业应当将符合条件的金融工具整体指定为套期工具,但下列情形除外:

① 对于期权,企业可以将期权的内在价值和时间价值分开,只将期权的内在价值变动指定为套期工具。

② 对于远期合同,企业可以将远期合同的远期要素和即期要素分开,只将即期要素的价值变动指定为套期工具。

③ 对于金融工具,企业可以将金融工具的外汇基差单独分拆,只将排除外汇基差后的金融工具指定为套期工具。

④ 企业可以将套期工具的一定比例指定为套期工具,但不可以将套期工具剩余期限内某一时段的公允价值变动部分指定为套期工具。

企业可以将两项或两项以上金融工具(或其一定比例)的组合指定为套期工具(包括组合内的金融工具形成风险头寸相互抵销的情形)。对于一项由签出期权和购入期权组成的期权(如利率上下限期权),或对于两项或两项以上金融工具(或其一定比例)的组合,其在指定日实质上相当于一项净签出期权的,不能将其指定为套期工具。只有在对购入期权(包括嵌入在混合合同中的购入期权)进行套期时,净签出期权才可以作为套期工具。

(2) 被套期项目

是指使企业面临公允价值或现金流量变动风险,且被指定为被套期对象的、能够可靠计量的项目。企业可以将下列单个项目、项目组合或其组成部分指定为被套期项目:

① 已确认资产或负债。

② 尚未确认的确定承诺。确定承诺是指在未来某特定日期或期间,以约定价格交换特定数量资源、具有法律约束力的协议。

③ 极可能发生的预期交易。预期交易是指尚未承诺但预期会发生的交易。

④ 境外经营净投资。

上述项目组成部分是指小于项目整体公允价值或现金流量变动的部分,企业只能将下列项目组成部分或其组合指定为被套期项目。

① 项目整体公允价值或现金流量变动中仅由某一个或多个特定风险引起的公允价值或现金流量变动部分(风险成分)。根据在特定市场环境下的评估,该风险成分应当能够单独识别并可靠计量。风险成分也包括被套期项目公允价值或现金流量的变动仅高于或仅低于特定价格或其他变量的部分。

② 一项或多项选定的合同现金流量。

③ 项目名义金额的组成部分,即项目整体金额或数量的特定部分,其可以是项目整体的一定比例部分,也可以是项目整体的某一层级部分。若某一层级部分包含提前还款权,且该提前还款权的公允价值受被套期风险变化影响的,企业不得将该层级指定为公允价值套期的被套期项目,但企业在计量被套期项目的公允价值时已包含该提前还款权影响的情况除外。

企业可以将符合被套期项目条件的风险敞口与衍生工具组合形成的汇总风险敞口指定为被套期项目。

在现金流量套期中,企业对一组项目的风险净敞口(存在风险头寸相互抵销的项目)进行套期时,仅可以将外汇风险净敞口指定为被套期项目,并且应当在套期指定中明确预期交易预计影响损益的报告期间,以及预期交易的性质和数量。

运用套期会计时,在合并财务报表层面,只有与企业集团之外的对手方之间交易形成的资产、负债、尚未确认的确定承诺或极可能发生的预期交易才能被指定为被套期项目;在合并财务报表层面,只有与企业集团之外的对手方签订的合同才能被指定为套期工具。对于同一企业集团内的主体之间的交易,在企业个别财务报表层面可以运用套期会计,在企业集团合并财务报表层面不得运用套期会计,但下列情形除外:

① 在合并财务报表层面,符合《企业会计准则第33号——合并财务报表》规定的投资性主体与其以公允价值计量且其变动计入当期损益的子公司之间的交易,可以运用套期会计。

② 企业集团内部交易形成的货币性项目的汇兑收益或损失,不能在合并财务报表中全额抵销的,企业可以在合并财务报表层面将该货币性项目的外汇风险指定为被套期项目。

③ 企业集团内部极可能发生的预期交易,按照进行此项交易的主体的记账本位币以外的货币标价,且相关的外汇风险将影响合并损益的,企业可以在合并财务报表层面将该外汇风险指定为被套期项目。

4. 套期会计处理

(1) 公允价值套期保值的会计业务处理

① 套期工具产生的利得或损失应当计入当期损益。如果套期工具是对选择以公允

价值计量且其变动计入其他综合收益的非交易性权益工具投资(或其组成部分)进行套期的,套期工具产生的利得或损失应当计入其他综合收益。

② 被套期项目因被套期风险敞口形成的利得或损失应当计入当期损益,同时调整未以公允价值计量的已确认被套期项目的账面价值。被套期项目为按照《企业会计准则第22号——金融工具确认和计量》第十八条分类为以公允价值计量且其变动计入其他综合收益的金融资产(或其组成部分)的,其因被套期风险敞口形成的利得或损失应当计入当期损益,其账面价值已经按公允价值计量,不需要调整;被套期项目为企业选择以公允价值计量且其变动计入其他综合收益的权益工具投资(或其组成部分)的,其因被套期风险敞口形成的利得或损失应当计入其他综合收益,其账面价值已经按公允价值计量,不需要调整。

被套期项目为尚未确认的确定承诺(或其组成部分)的,其在套期关系指定后因被套期风险引起的公允价值累计变动额应当确认为一项资产或负债,相关的利得或损失应当计入各相关期间损益。当履行确定承诺而取得资产或承担负债时,应当调整该资产或负债的初始确认金额,以包括已确认的被套期项目的公允价值累计变动额。

③ 公允价值套期中,被套期项目为以摊余成本计量的金融工具(或其组成部分)的,企业对被套期项目账面价值所做的调整应当按照开始摊销日重新计算的实际利率进行摊销,并计入当期损益。

④ 分类为以公允价值计量且其变动计入其他综合收益的金融资产(或其组成部分)的,企业应当按照相同的方式对累计已确认的套期利得或损失进行摊销,并计入当期损益,但不调整金融资产(或其组成部分)的账面价值。

(2) 现金流量套期保值会计处理

① 套期工具产生的利得或损失中属于套期有效的部分,作为现金流量套期储备,应当计入其他综合收益。现金流量套期储备的金额,应当按照下列两项的绝对额中较低者确定:套期工具自套期开始的累计利得或损失;被套期项目自套期开始的预计未来现金流量现值的累计变动额。

每期计入其他综合收益的现金流量套期储备的金额应当为当期现金流量套期储备的变动额。

② 套期工具产生的利得或损失中属于套期无效的部分(即扣除计入其他综合收益后的其他利得或损失),应当计入当期损益。

现金流量套期储备的金额,应当按照下列规定处理:

① 被套期项目为预期交易,且该预期交易使企业随后确认一项非金融资产或非金融负债的,或者非金融资产或非金融负债的预期交易形成一项适用于公允价值套期会计的确定承诺时,企业应当将原在其他综合收益中确认的现金流量套期储备金额转出,计入该资产或负债的初始确认金额。

② 对于不属于上述①涉及的现金流量套期,企业应当在被套期的预期现金流量影响

损益的相同期间,将原在其他综合收益中确认的现金流量套期储备金额转出,计入当期损益。

③ 如果在其他综合收益中确认的现金流量套期储备金额是一项损失,且该损失全部或部分预计在未来会计期间不能弥补,企业应当在预计不能弥补时,将预计不能弥补的部分从其他综合收益中转出,计入当期损益。

当企业对现金流量套期终止运用套期会计时,在其他综合收益中确认的累计现金流量套期储备金额,应当按照下列规定进行处理。

① 被套期的未来现金流量预期仍然会发生的,累计现金流量套期储备的金额应当予以保留,并按照上述现金流量套期储备的金额规定进行会计处理。

② 被套期的未来现金流量预期不再发生的,累计现金流量套期储备的金额应当从其他综合收益中转出,计入当期损益。预期不再极可能发生的被套期的未来现金流量预期仍然会发生的,累计现金流量套期储备的金额应当予以保留,并按照上述现金流量套期储备的金额规定进行会计处理。

(3) 境外经营净投资套期保值的会计处理

对境外经营净投资的套期,包括对作为净投资的一部分进行会计处理的货币性项目的套期,应当按照类似于现金流量套期会计的规定处理。

① 套期工具形成的利得或损失中属于套期有效的部分,应当计入其他综合收益。

全部或部分处置境外经营时,上述计入其他综合收益的套期工具利得或损失应当相应转出,计入当期损益。

② 套期工具形成的利得或损失中属于套期无效的部分,应当计入当期损益。

5. 套期有效性

(1) 套期有效性

套期有效性,是指套期工具的公允价值或现金流量变动能够抵销被套期风险引起的被套期项目公允价值或现金流量变动的程度。套期工具的公允价值或现金流量变动大于或小于被套期项目的公允价值或现金流量变动的部分为套期无效部分。

(2) 套期有效性条件

套期同时满足下列条件的,企业应当认定套期关系符合套期有效性要求。

① 被套期项目和套期工具之间存在经济关系。该经济关系使得套期工具和被套期项目的价值因面临相同的被套期风险而发生方向相反的变动。

② 被套期项目和套期工具经济关系产生的价值变动中,信用风险的影响不占主导地位。

③ 套期关系的套期比率,应当等于企业实际套期的被套期项目数量与对其进行套期的套期工具实际数量之比,但不应当反映被套期项目和套期工具相对权重的失衡,这种失衡会导致套期无效,并可能产生与套期会计目标不一致的会计结果。例如,企业确定

拟采用的套期比率是为了避免确认现金流量套期的套期无效部分,或是为了创造更多的被套期项目进行公允价值调整以达到增加使用公允价值会计的目的,可能会产生与套期会计目标不一致的会计结果。

企业应当在套期开始日及以后期间持续地对套期关系是否符合套期有效性要求进行评估,尤其应当分析在套期剩余期限内预期将影响套期关系的套期无效部分产生的原因。企业至少应当在资产负债表日及相关情形发生重大变化将影响套期有效性要求时对套期关系进行评估。

(3) 企业发生下列情形之一的,应当终止运用套期会计

① 因风险管理目标发生变化,导致套期关系不再满足风险管理目标。

② 套期工具已到期、被出售、合同终止或已行使。

③ 被套期项目与套期工具之间不再存在经济关系,或者被套期项目和套期工具经济关系产生的价值变动中,信用风险的影响开始占主导地位。

④ 套期关系不再满足本准则所规定的运用套期会计方法的其他条件。在适用套期关系再平衡的情况下,企业应当首先考虑套期关系再平衡,然后评估套期关系是否满足本准则所规定的运用套期会计方法的条件。

终止套期会计可能会影响套期关系的整体或其中一部分,在仅影响其中一部分时,剩余未受影响的部分仍适用套期会计。

8.3　L海运公司套期保值案例

1. L海运公司套期保值案例背景

航运业的利润很大程度上受航油价格的影响,因而对航油进行套期保值被认为是锁定运营成本的主要手段,被世界各国航空公司广泛采用。

L海运公司早在2011年就开始利用利率互换、货币互换、远期外汇交易等金融衍生工具规避汇率和利率风险,并在2013年起就利用燃油期权进行套期保值,直到2018年其燃油保值业务头寸一直都有盈利。

2013年至2018年7月,原油价格一路飙升,纽约原油期货价格最高触及147.5美元/桶。L海运公司的航油成本占公司运营成本的比例为48%,严重影响公司的经营效益。

2. 事件历程

2018年6月,L海运公司与数家国际知名投行签订远期航油合约进行航油套期保值,合约包括买入看涨期权、卖出看跌期权、卖出看涨期权;

2018年7月起,受多方面不利消息影响,国际原油现货价格一路暴跌,从最高的147

美元/桶跌到45美元/桶；

2018年11月27日，一纸《关于航油套期保值业务的提示性公告》指出，截至2018年10月31日，L海运公司套期保值亏损共计5 063亿元，实际亏损将随航油价格变动；

2018年12月31日，航油价格下跌到40美元/桶，根据L海运公司套期保值合约及当日纽约WTI原油收盘价计算，L海运公司亏损69亿元。

3. 套期操作

（1）合约内容

① 规避主要风险运用原油期权。

L海运公司与数家国际知名投行签订远期航油合约进行航油套期保值，合约包括买入看涨期权、卖出看跌期权、卖出看涨期权。

买入看涨期权：合约签订于2018年6月30日，L海运公司以较高约定价格（62.35美元/桶～150美元/桶）向对手方买入航油1 135万桶，L海运公司具有购买选择权，对手必须接受。此等合约将于2018年至2021年间到期。目的：套期保值。

卖出看跌期权：L海运公司承诺以不低于62.35美元/桶的价格购买合约对手1 135万桶航油，合约截止日时，无论航油价格多少，合约对手有权选择是否卖出，L海运公司必须接受。目的：对冲买入看涨期权高昂的权利金。

卖出看涨期权：L海运公司以更高的约定价格（72.35美元/桶～200美元/桶）向对手卖出航油300万桶，合约截止日时，不管航油价格多少，对手具有购买选择权，L海运公司必须接受。目的：可能是为手上持有的其他航油期货、现货做套保。

② 规避次要风险运用外汇远期。

L海运公司的业务跨越多个国家和地区，公司期末的货币资金很大一部分是外币。

L海运公司的外汇主要由美元和欧元两种货币组成，在研究区间内这两种货币占外币总额的比重平均为80%。因此，一旦汇率出现波动，会产生很大的会计风险。L海运公司2015年至2020年外汇远期合约运用状况如表8-1所示。

表8-1　L海运公司2015年至2020年外汇远期合约运用状况表　　单位：千元

	2015	2016	2017	2018	2019	2020
合约名义金额（美元）	34 000	123 000	81 000	49 000	48 000	57 000
折算汇率	7.304 6	6.834 6	6.828 3	6.622 7	6.300 9	6.285 5
折合人民币总额	248 356	840 656	553 092	324 512	302 443	358 273

③ 规避次要风险运用利率互换。

L海运公司的利率风险可以描述为：由于向银行借入长短期借款或者进行融资租赁业务而产生的带息债务，这两部分债务会受到现行市场利率变动的影响。根据公司的年报附注披露，L海运公司的债务主要为浮动利率债务，因此美元及人民币利率的变动均对 L 海运公司的财务成本影响较大。

L 海运公司所面临的利率波动风险主要来自美元贷款的利率浮动。L 海运公司 2015 年至 2020 年利率互换合约运用状况如表 8-2 所示。

表 8-2　L 海运公司 2015 年至 2020 年利率互换合约运用状况表　　单位：千元

	2015	2016	2017	2018	2019	2020
合约名义金额（美元）	513 000	360 000	277 000	557 000	584 000	817 000
折算汇率	7.304 6	6.834 6	6.828 3	6.622 7	6.300 9	6.285 5
折合人民币总额	3 747 260	2 460 456	1 891 439	3 688 844	3 679 726	5 135 254

（2）合约分析

买入看涨期权：原油价格大于 118 美元/桶时，投行将支付差价给 L 海运公司，但支付差价最高限额为 20 美元/桶。合约收益受限，最高收益为 20 美元/桶，当原油价格涨到 138 美元/桶以上时，L 海运公司无法获得更多收益。

卖出看跌期权：原油价格下降至小于 82.75 美元/桶时，L 海运公司需要支付双倍差价给投行，且该赔付无价格下限。赔付无价格下限，合约损失没有锁定，并且双倍差价赔付放大了在油价下跌时的损失风险。

特殊期权合约：原油价格上涨至大于 110 美元/桶时，投行向 L 海运公司支付差价，同时 L 海运公司提供下行储备。储备量为油价与 110 美元/桶的差价，但是限制最高储备量为 10 美元。

该合约表面看起来属于抵销赔偿损失的储备合约，实为合约陷阱，使操作复杂化，L 海运公司难以计算实际合约成本，并且增加了使用其他衍生品对冲该合约风险的难度。

（3）案例具体业务

若 L 海运公司 2017 年 8 月 31 日需购入航油 100 万吨（相当于未来 3 个月海外航油用量），公司判断未来 3 个月内航油价格可能持续上涨。

2017 年 5 月 31 日，航油现货价格为 580 美元/吨，决定在境外某交易所做期货多头 100 万吨为该预期交易套期保值。

该航油期货执行价格为 600 美元/吨，8 月 31 日到期交割。

6 月 30 日，航油现货价格为 660 美元/吨，期货价格为 670 美元/吨。

7 月 31 日，现货价格为 735 美元/吨，期货价格为 710 美元/吨。

8 月 31 日，现货价格为 705 美元/吨。

讨论：

1. 请简述衍生金融工具的种类、套期保值实质。

2. 请结合《企业会计准则第 24 号——套期保值》阐述公允价值套期保值与现金流量套期保值业务处理的不同；并做上述案例具体业务会计处理。

3. 请分析 L 海运公司运用衍生金融工具的后果。

【案例分析】

1. 衍生金融工具包括远期合约、期货合约、期权合约和互换合约。套期保值的实质为管理外汇风险、利率风险、价格风险、信用风险等特定风险引起的风险敞口,制定金融工具为套期工具,以使套期工具的公允价值或现金流量变动,预期抵销被套期项目或部分的公允价值或现金流量变动的风险管理活动。

2. 套期保值

(1) 公允价值套期保值

套期工具产生的利得或损失应当计入当期损益。如果套期工具是对选择以公允价值计量且其变动计入其他综合收益的非交易性权益工具投资(或其组成部分)进行套期的,套期工具产生的利得或损失应当计入其他综合收益。

被套期项目因被套期风险敞口形成的利得或损失应当计入当期损益,同时调整未以公允价值计量的已确认被套期项目的账面价值。

(2) 现金流量套期保值

套期工具产生的利得或损失中属于套期有效的部分,作为现金流量套期储备,应当计入其他综合收益。套期工具产生的利得或损失中属于套期无效的部分(即扣除计入其他综合收益后的其他利得或损失),应当计入当期损益。

被套期项目为预期交易,且该预期交易使企业随后确认一项非金融资产或非金融负债的,或者非金融资产或非金融负债的预期交易形成一项适用于公允价值套期会计的确定承诺时,企业应当将原在其他综合收益中确认的现金流量套期储备金额转出,计入该资产或负债的初始确认金额。

对于不属于上述涉及的现金流量套期,企业应当在被套期的预期现金流量影响损益的相同期间,将原在其他综合收益中确认的现金流量套期储备金额转出,计入当期损益。

如果在其他综合收益中确认的现金流量套期储备金额是一项损失,且该损失全部或部分预计在未来会计期间不能弥补的,企业应当在预计不能弥补时,将预计不能弥补的部分从其他综合收益中转出,计入当期损益。

(3) 会计业务处理

有关预期交易套期保值准则规定,被套期项目为预期交易,且该预期交易使企业随后确认一项非金融资产或非金融负债的,或者非金融资产或非金融负债的预期交易形成一项适用于公允价值套期会计的确定承诺时,企业应当将原在其他综合收益中确认的现金流量套期储备金额转出,计入该资产或负债的初始确认金额。

① 2017 年 5 月 31 日,登记有关合约,不做业务处理。

② 2017 年 6 月 30 日,记录套期工具的公允价值变动。

借:套期工具——期货合约(石油)　　　　700　　$100\times(670-600)=700$
　　贷:其他综合收益　　　　　　　　　　　　　　700

③ 2017 年 7 月 31 日,记录套期工具的公允价值变动。

借：套期工具——期货合约（石油）　　　　400　　100×(710－670)＝400
　　贷：其他综合收益　　　　　　　　　　　　400

④ 记录套期工具公允价值变动。

借：其他综合收益　　　　　　　　　　　　50
　　贷：套期工具　　　　　　　　　　　　　　50

⑤ 2017年8月31日，了结远期合约。

借：银行存款　　　　　　　　　　　　　　1 050
　　贷：套期工具——期货合约（石油）　　　　1 050

⑥ 结转套期损益

借：其他综合收益　　　　　　　　　　　　1 050
　　贷：套期损益　　　　　　　　　　　　　　1 050

⑦ 存货按照调整基数后的金额入账。

借：存货——石油　　　　　　　　　　　　70 500
　　贷：银行存款　　　　　　　　　　　　　　70 500　　(100×705＝70 500)

3. L海运公司运用衍生金融工具的后果分析

单从公允价值损益的角度来说，2018年与2019年合约公允价值一个巨亏，一个大赚，实际造成企业的财务状况不够稳定。

2018年巨亏之下L海运公司的业绩亏损82亿元，几乎濒临破产。

2019年衍生品公允价值变动带来了很大的收益，但是实际企业盈利只有6.4亿元。因此实际衍生品的运用都没有达到风险管控的目的。

L海运公司衍生品实际交割损益自2019年以后每年基本都是一笔不小的损失，2019年最高为19亿多元，最少的2020年也有1.2亿元的损失。这对于财务费用的增加不容小觑。这明显说明了L海运公司衍生品的运用其实增加了企业的营运风险，本来应该以降低企业风险为目的的衍生品交易反而增加了企业的风险，给企业带来了不必要的损失。

8.4　中粮公司公允价值套期保值案例

2019年1月1日，生产食物油的中粮公司为规避所持有大豆存货公允价值变动风险，决定在期货市场上建立套期保值头寸，并指定期货合约S为2019年上半年大豆存货价格变化引起的公允价值变动风险的套期。期货合约S的标的资产与被套期项目存货在数量、品质、价格变动和产地方面相同。

2019年1月1日，期货合约S的公允价值为零，被套期项目（大豆存货）的账面价值和成本均为1 000 000元，公允价值是1 100 000元。2019年6月30日，期货合约S的公允价值上涨了25 000元，大豆存货的公允价值下降了25 000元。当日，中粮公司将大豆存货出售,并将期货合约 S 结算。

假定不考虑期货合约的时间价值、商品销售相关的增值税及其他因素,中粮公司的账务处理如下:

(1) 大豆存货属于被套期项目,采用的套期工具为期货合约。

(2) 在会计处理时,将该套期保值分类为现金流量套期。

(3) 将套期工具公允价值变动形成的利得计入资本公积。

(4) 被套期项目因套期风险形成的损失计入当期损益。

讨论:

1. 判断中粮公司对上述业务的会计处理是否正确,并说明理由。

2. 分析套期保值的结果。

【案例分析】

1.

(1) 大豆存货属于被套期项目,采用的套期工具为期货合约,正确。

理由:大豆存货使企业面临公允价值变动风险,而且被指定为被套期对象,该大豆存货属于被套期项目;由于大豆期货合约是企业为进行套期而指定的、其公允价值变动预期可抵销被套期项目公允价值变动风险的衍生工具,属于套期工具。

(2) 中粮公司将该套期保值分类为现金流量套期,不正确,该套期属于公允价值套期。

理由:公允价值套期是指对已确认资产或负债、尚未确认的确定承诺,或该资产或负债、尚未确认的确定承诺中可辨认部分的公允价值变动风险进行的套期。该类价值变动源于某类特定风险,且将影响企业的损益。大豆存货套期的目的是抵销大豆公允价值变动对损益的影响,属于公允价值套期。

(3) 将套期工具公允价值变动形成的利得计入资本公积,不正确。

理由:在公允价值套期下,应将套期工具公允价值变动形成的利得计入当期损益。

(4) 被套期项目因套期风险形成的损失计入当期损益,正确。

理由:由于该套期属于公允价值套期,按照规定被套期项目因被套期风险形成的利得或损失应当计入当期损益,同时调整被套期项目的账面价值。被套期项目为按成本与可变现净值孰低进行后续计量的存货、按摊余成本进行后续计量的金融资产或可供出售金融资产的,也应当按此规定处理。

2. 中粮公司采用了套期策略,规避了大豆存货公允价值变动风险,因此其存货公允价值下降没有对预期毛利额 100 000 元(1 100 000—1 000 000)产生不利影响。

参考答案

(1) 2019 年 1 月 1 日

借:被套期项目——库存商品　　　　　　　　　　1 000 000
　　　贷:库存商品　　　　　　　　　　　　　　　　　　1 000 000

(2) 2019 年 6 月 30 日

借：套期工具——期货合约 S　　　　　　　　25 000
　　贷：套期损益　　　　　　　　　　　　　　　　25 000
借：套期损益　　　　　　　　　　　　　　　25 000
　　贷：被套期项目——库存商品　　　　　　　　　25 000
借：应收账款或银行存款　　　　　　　　 1 075 000
　　贷：主营业务收入　　　　　　　　　　　　 1 075 000
借：主营业务成本　　　　　　　　　　　　 975 000
　　贷：被套期项目——库存商品　　　　　　　　 975 000
借：银行存款　　　　　　　　　　　　　　　25 000
　　贷：套期工具——期货合约 S　　　　　　　　　25 000

8.5　优悠进出口贸易公司外币汇率套期保值案例

以交易风险管理为例，在进出口贸易中，对于外币应收、应付账款，应预测汇率变动，采取外汇风险管理措施。

广东一家有代表性的、集开发、生产及销售为一体的玩具优悠企业，各类玩具产品畅销国内及东南亚、欧美等国家与地区，同时还要进口原材料，因此公司有大量进出口物流业务，长期有大量应收外币账款和应付外币账款。这些外币账款从交易日到结算日均有一段时间，在这段时间内，以外币计价的资产或负债会因为汇率的变化而引起价值的增减，从而造成额外损失，产生很大的外汇风险。这种物流外汇风险表现在玩具出口交易中，就是在收取外币货款时，外币比出售产品时贬值了，优悠公司就会收到更少的人民币货款；表现在原材料进口交易中，就是在支付外币货款时，外币比购买原材料时升值了，公司就会支付更多的人民币。

优悠公司在 2017 年 6 月签订一份出口合同，约定在 2017 年 6 月 8 日向美国某公司出口 30 万电动玩具熊，合同计价货币是美元，货币为 105 万美元，美国公司要求在一个月后的 7 月 8 日付款。优悠公司在 6 月 8 日预计在 7 月 8 日将有 105 万美元的外汇收入，并且这笔美元到账后要转换成人民币。而 6 月 8 日银行公布的美元即期汇率是 7.66，如果公司把这 105 万美元货款兑换成人民币可得到 804.3 万元的收入。预计未来人民币将升值，美元汇率将达到 7.56。

讨论：

1. 举例说明优悠公司如何运用套期保值业务规避外汇风险。
2. 阐述利用远期外汇套期保值时的注意事项。

【案例分析】

1. 为了规避外汇风险，公司在 6 月 8 日与银行交易一份美元远期合约，规定公司在 7

月8日以合同汇率价格7.65向银行卖出105万美元,则7月8日可兑换得到803.25万元人民币。仅仅损失的是少量的手续费和外汇损失0.85万元。如果不进行套期保值,企业将损失10.5万元。

2. 从上面的案例中可以看到出口收汇的套期保值：出口商在出售产品的同时,向银行卖出远期外汇合同,在合同到期时,按合同规定的汇率将收到的外汇卖给银行收回本币,从而防止由于外币贬值而遭受的损失,有效地锁定了外汇应收款的人民币未来价值,规避了外汇风险。进口付汇的套期保值：进口商在进口产品时,将要用人民币买入外币以支付外汇货款,同样可用外汇远期多头套期保值规避外币升值风险。

需要注意的是在合同签订之前,应采取有利的计价货币、适当调整商品价格、在合同中订立货币保值条款和汇率风险分摊条款等措施防范风险。并不是每一项远期外汇交易都需要使用套期保值与银行签订协议买入或卖出货币,远期外汇交易发生后,需要对未来汇率的变化进行严谨推测和准确计量,在对企业有利的情况下才使用套利保值方式。

8.6 实训活动

活动要求

1. 区分衍生金融工具使用目的。
2. 理解套期保值含义。
3. 区分公允价值套期保值与现金流量套期保值。
4. 分清套期关系中被套期项目与套期工具。
5. 确认套期保值有效性。
6. 编制有关套期保值会计业务处理分录。

活动内容

实训一：公允价值套期保值

2018年1月1日,云南矿业公司为规避所持有铝锭存货公允价值变动风险,决定在期货市场上建立套期保值头寸,并指定期货合约Y为2018年上半年铝锭存货价格变化引起的公允价值变动风险的套期。期货合约Y的标的资产与被套期项目存货在数量、品质、价格变动和产地方面相同。

2018年1月1日,期货合约Y的公允价值为零,被套期项目（铝锭存货）的账面价值和成本均为1 000 000元,公允价值是1 100 000元。2018年6月30日,期货合约Y的公允价值上涨了25 000元,铝锭存货的公允价值下降了25 000元。当日,云南矿业公司将铝锭存货出售,并将期货合约Y结算。

假定不考虑期货合约的时间价值、商品销售相关的增值税及其他因素,云南矿业公司的账务处理如下:

(1) 铝锭存货属于被套期项目,采用的套期工具为期货合约。

(2) 在会计处理时,将该套期保值分类为现金流量套期。

(3) 将套期工具公允价值变动形成的利得计入资本公积。

(4) 被套期项目因套期风险形成的损失计入当期损益。

要求:

1. 判断云南矿业公司对上述业务的会计处理是否正确,并说明理由。

2. 分析套期保值的结果。

实训二:期货合约套期保值

2020 年 6 月 1 日,福斯公司与某外商签订了销售合同,约定于 2020 年 10 月 1 日销售 B 化工产品给该外商。经计算,生产该批 B 产品需要在 2020 年 9 月 10 日购入甲醇 4 000 吨,签订合同时甲醇现货价格为 8 500 元/吨。福斯公司为规避甲醇价格波动带来的风险,经董事会批准,在期货市场买入 9 月份交割的 4 000 吨甲醇期货,并将其指定为 B 产品生产所需的甲醇的套期工具。当天甲醇期货合约的价格为 8 600 元/吨,其标的资产与福斯公司生产 B 产品所需要的甲醇材料在数量、品质和产地方面相同。2020 年 9 月 10 日,甲醇的现货价格上涨到 10 800 元/吨,期货合约的交割价格为 10 850 元/吨。当日,福斯公司购入 4 000 吨甲醇材料,同时将期货合约卖出平仓。

福斯公司对上述期货合约进行如下会计处理:

(1) 将该套期划分为现金流量套期。

(2) 将该套期工具利得中属于有效套期的部分,直接计入当期损益。

(3) 将该套期工具利得中属于无效套期的部分,直接计入所有者权益。

(4) 在 B 产品出售时,将套期期间计入资本公积的利得金额,转入当期损益。

要求:

1. 指出上述套期保值业务中的套期工具和被套期项目。

2. 分析判断该套期是否符合运用套期保值会计的条件。

3. 分析判断福斯公司对上述业务的会计处理是否正确,并说明理由。

 活动评价

实训一:业务处理

1. 套期工具和被套期项目。

(1) 云南矿业将铝锭存货属于被套期项目,采用的套期工具为期货合约是对的。

(2) 在会计处理时,将该套期保值分类为现金流量套期是错误的,铝锭存货是已确认资产,对已确认资产套期处理属于公允价值套期保值。

(3) 将套期工具公允价值变动形成的利得计入资本公积是错误的。《企业会计准则第 24 号——套期保值》和《国际会计准则第 39 号——金融工具确认与计量》规定,如果套期工具为衍生工具,则应将其公允价值变动所形成的利得或损失计入当期损益,如果套期工具为非衍生工具,则应将其账面价值因汇率变动形成的利得或损失计入当期损益。本业务中套期工具是铝锭期货合约,公允价值套期保值其套期工具公允价值发生变化时计入当期损益,直接影响利润表。

(4) 被套期项目因套期风险形成的损失计入当期损益是正确的。《企业会计准则第 24 号——套期保值》和《国际财务报告准则第 9 号——金融工具》规定,被套期项目因被套期风险形成的利得或损失应当计入当期损益,同时调整被套期项目的账面价值。被套期项目为按成本与可变现净值孰低进行后续计量的存货、按摊余成本进行后续计量的金融资产或可供出售金融资产的,也应当按上述规定处理。注意,照此规则,存货有可能以高于成本的公允价值入账。

2. 本业务中被套期项目是铝锭存货,套期工具是铝锭期货合约,通过套期保值,避免铝锭存货跌价损失 25 000 元,利润表中利润损失减少 25 000 元。会计业务处理如下:

(1) 借:被套期项目——存货　　　　　　　1 000 000
　　　贷:存货　　　　　　　　　　　　　　　　　　　1 000 000
(2) 借:套期损益　　　　　　　　　　　　　25 000
　　　贷:被套期项目——存货　　　　　　　　　　　　25 000
　　借:套期工——铝锭期货　　　　　　　　25 000
　　　贷:套期损益　　　　　　　　　　　　　　　　　25 000
(3) 借:银行存款　　　　　　　　　　　　　1 075 000
　　　贷:营业收入　　　　　　　　　　　　　　　　　1 075 000
　　借:营业成本　　　　　　　　　　　　　1 000 000
　　　贷:被套期项目——存货　　　　　　　　　　　　1 000 000

对于期货合约应采用保证金制度,开仓和平仓通过套期工具——保证金记录。了结合约时:

　　借:银行存款　　　　　　　　　　　　　25 000
　　　贷:套期工具——保证金　　　　　　　　　　　　25 000

实训二:业务处理

该实训针对"现金流量套期会计"知识点进行训练。

1. 上述套期保值业务中的套期工具是买入期货合约,被套期项目是甲醇预计交易的未来现金流量变动风险。

2. 套保有效性满足条件(1)被套期项目和套期工具之间存在经济关系。该经济关系使得套期工具和被套期项目的价值因面临相同的被套期风险而发生方向相反的变动。

(2)被套期项目和套期工具经济关系产生的价值变动中,信用风险的影响不占主导地位。该业务满足套保有效性。

3.(1)福斯公司处理正确。

理由:福斯公司应该将该预期交易的套期划分为现金流量套期。

(2)福斯公司处理不正确。

理由:因为福斯公司将该套期保值划分为了现金流量套期,所以应该将该套期工具利得中属于有效套期的部分,直接计入所有者权益。

(3)福斯公司处理不正确。

理由:因为福斯公司将该套期保值划分为了现金流量套期,所以应该将该套期工具利得中属于无效套期的部分,直接计入当期损益。

(4)福斯公司处理正确。

理由:现金流量套期中被套期项目为预期交易,且该预期交易使企业随后确认一项非金融资产或一项非金融负债的,企业可以选择下列方法处理:

① 原直接在所有者权益中确认的相关利得或损失,应当在该非金融资产或非金融负债影响企业损益的相同期间转出,计入当期损益。

② 将原直接在所有者权益中确认的相关利得或损失转出,计入该非金融资产或非金融负债的初始确认金额。

所以此案例在 B 产品出售时,将套期期间计入资本公积的利得金额,转入了当期损益是正确的。企业也可以选择将其直接计入产品 B 的初始确认金额。

8.7 套期保值实训练习

实训练习一:公允价值套期

山东黄金制造企业 2016 年 11 月存有 200 000 盎司黄金,成本为每盎司 600 美元,市价 650 美元。该批黄金预计投资生产并于 2017 年 2 月初对外出售。为防止黄金价格下跌损失,企业 11 月 1 日签订一份 3 个月、执行价格 655 美元、标的为 200 000 盎司的黄金空头期货合约,并在签约日按金额 5%存入保证金,见表 8-3。

表 8-3 黄金各个时点即期与期货价格

日期	即期价格	2017 年 1 月 31 日到期期货价格
2016.11.1	650	655
2016.11.30	645	650
2016.12.31	670	675
2017.1.31	680	680

要求:编制各个时点会计分录。

实训练习二：预期交易的现金流量套期

山东黄金企业预计于 2016 年 1 月购进 200 000 盎司黄金。为规避黄金上升风险,企业于 11 月 1 日签订一份 3 个月、执行价格 655 美元、标的为 200 000 盎司的黄金多头期货合约,并在签约日按金额 5%存入保证金,见表 8-4。

表 8-4 黄金各个时点即期与期货价格

日 期	即期价格	2017 年 1 月 31 日到期期货价格
2016.11.1	650	655
2016.11.30	645	650
2016.12.31	670	675
2017.1.31	680	680

要求：编制各个时点会计分录。

套期保值实训练习答案

本章小结

衍生金融工具包括远期合约、期货合约、期权合约和互换合约。衍生金融工具用于投资或套期保值。套期保值是企业为规避外汇风险、利率风险、商品价格风险、股票价格风险、信用风险等特定风险,可能会想到利用金融工具进行金融交易,使得该金融工具的价格变动基本能够抵补上述特定风险。套期保值分为公允价值套保、现金流量套保、境外经营净投资套保。

公允价值套期保值：套期工具产生的利得或损失应当计入当期损益；被套期项目因被套期风险敞口形成的利得或损失应当计入当期损益,同时调整未以公允价值计量的已确认被套期项目的账面价值。

现金流量套期保值：套期工具产生的利得或损失中属于套期有效的部分,作为现金流量套期储备,应当计入其他综合收益。属于套期无效的部分,应当计入当期损益。被套期项目为预期交易,应当计入该资产或负债的初始确认金额。不属于上述涉及的现金流量套期,企业应当在被套期的预期现金流量影响损益的相同期间,将原在其他综合收益中确认的现金流量套期储备金额转出,计入当期损益。

思考题

1. 比较衍生金融工具与传统金融工具,衍生金融工具的主要特点是什么,为什么衍生金融工具蕴含非常大的风险?
2. 简要说明衍生金融工具的分类及每类的特点。
3. 比较期货合约和远期合约,远期合约与期权合约的区别;什么是互换合约?什么是利率互换?
4. 投资于衍生金融工具与基本金融工具的区别是什么?
5. 套期保值是如何规避风险的?如何进行套期保值?
6. 为什么要设计套期会计?简述套期会计的实质。
7. 套期指定中,套期项目与被套期项目的相关规定是什么?

第 9 章

分部报告与中期报告

学习目标

1. 掌握分部报告披露的内容。
2. 掌握分部报告划分标准。
3. 了解分部报告主要内容。
4. 掌握中期报告的含义。
5. 了解中期报告编制理论依据。
6. 了解中期报告主要内容。

※ 本章相关会计准则

1. 《企业会计准则第 32 号——中期财务报告》
2. 《企业会计准则第 35 号——分部报告》
3. IFRS8,Segment Reportinging (2006)
4. IAS34,Interim Financial Reporting

9.1 分部报告

1. 分部报告披露的主要内容

根据《分部报告准则》的规定,采用经营分部作为报告分部。

报告分部信息组成部分:

(1) 确定报告分部考虑的因素、报告分部的产品和劳务类型;

(2) 每一报告分部的利润(亏损)总额相关信息及其计量的相关会计政策;

(3) 每一报告分部的资产总额、负债总额相关信息以及计量的相关会计政策。

2. 分布报告划分标准

企业应当以经营分部为基础确定报告分部(reportable segments),从而披露分部信息。换而言之,报告分部是指按规定应予披露的经营分部。

报告分部的确定标准(10%重要性标准)。企业以经营分部为基础确定报告分部时,应当满足下列条件之一：

(1) 该分部的分部收入占所有分部收入合计的10%或者以上；

(2) 该分部的分部利润(亏损)的绝对额,占所有盈利分部利润合计额或者所有亏损分部亏损合计额的绝对额两者中较大者的10%或者以上；

(3) 该分部的分部资产占所有分部资产合计额的10%或者以上。

对于未满足上述10%标准的业务分部,准则允许按照下列任意一种做法进行处理：

(1) 企业管理层如果认为披露该经营分部信息对财务报告使用者是有益的,则可以直接将其确定为报告分部；

(2) 不将该分部直接指定为报告分部,而是将该分部与其他类似的、未满足"10%重要性标准"的分部合并为一个报告分部；

(3) 不将该分部指定为报告分部且不与其他分部合并,而是纳入"其他项目"予以披露。

报告分部的数量通常不应超过10个。报告分部的数量超过10个需要合并的,应当以经营分部的合并条件为基础,对相关的报告分部予以合并。

9.2 中期报告

1. 中期报告编制理论依据

中期报告编制理论依据有独立观和整体观。

中期报告中主要涉及收入和费用(成本)的确认问题,即在每个会计期间各季度或半年,如何确认一项收入和费用(成本)。在会计界对这一问题有两种观点：独立观和整体观。独立观认为,每一个期间(中期)都应视为一个单场的会计期间,递延项目和应计项目应采用与年度报告相同的会计政策；整体观认为,中期报告是年度报告的一个组成部分,因此,递延项目和应计项目应按全年来考虑。我国目前实行的是独立观。

2. 中期财务报告的主要内容

中期财务报告至少要提供比较资产负债表、比较利润表和比较现金流量表和比较所有者权益变动表。报表附注包括中期报告编制所采用的会计政策,会计政策、会计估计变更和差错更正,企业经营的季节性或周期性特征等内容。

9.3 某交通运输集团公司分部报告案例

1. 背景

根据某交通运输集团公司的内部组织结构、管理要求及内部报告制度,其经营业务划分为基建建设、勘察设计与咨询服务、工程设备和零部件制造、房地产开发及其他业务五个报告分部。集团的管理层定期评价这些报告分部的经营成果,以决定向其分配资源及评价其业绩。

该集团公司2019年分部报告见表9-1。

表9-1 2019年某交通运输集团公司分部报告　　　　　　单位:千元

	基础设施建设	勘察设计与咨询服务	工程设备与零部件制造	房地产开发	其他	合计
2019年度						
对外主营业务收入	731 562 122	16 172 496	16 973 622	43 031 483	37 245 453	844 985 176
分部间主营业务收入	26 950 117	501 630	6 859 833	180 934	31 713 056	—
对外其他业务收入	3 276 200	357 084	487 822	450 090	1 327 911	5 899 107
分部间其他业务收入	296 043	—	—	—	155 645	—
分部营业总收入合计	762 084 482	17 031 210	24 321 277	43 662 507	70 442 065	850 884 283
分部利润:	20 935 053	962 207	1 999 352	3 652 322	8 950 064	31 332 040
对合营企业投资收益	240 086	7 290	70 077	(20 952)	63 077	359 578
对联营企业投资收益	942 782	9 464	58 986	36 488	1 052 181	2 099 901
利息费用	(2 212 614)	(136 211)	(21 887)	(2 004 846)	(3 603 174)	(5 338 946)
利息收入	889 457	86 158	57 700	224 663	618 317	862 080
所得税费用	—	—	—	—	—	(5 953 772)
净利润	20 935 053	962 207	1 999 352	3 652 322	8 950 064	25 378 268
2019年12月31日						
分部资产:	685 224 714	17 361 288	44 947 201	249 777 923	348 864 312	1 046 153 121
对合营企业投资	19 225 054	71 124	350 879	277 450	9 389 834	29 314 341
对联营企业投资	26 129 928	677 930	475 977	218 423	3 062 322	30 564 580
资产总额	685 224 714	17 361 288	44 947 201	249 777 923	348 864 312	1 056 185 927
分部负债	628 982 886	9 062 412	24 107 056	184 338 654	284 074 033	805 755 891
负债总额	628 982 886	9 062 412	24 107 056	184 338 654	284 074 033	810 710 931

2. 经营分部披露主要资料

某交通运输企业分行业营业收入与营业成本经营情况,见表9-2。

表 9-2 2019 年某交通运输集团公司主营业务按行业经营情况   单位：千元

分行业	营业收入	营业成本	毛利率(%)	营业收入同比增减(%)	营业成本同比增减(%)	毛利率同比增减(%)
基础设施建设	731 562 122	677 241 369	7.43	17.20	17.20	0.01
勘察设计与咨询服务	16 172 496	11 732 502	27.45	10.70	11.60	−0.59
工程设备与零部件制造	16 973 622	12 927 117	23.84	13.16	13.13	0.02
房地产开发	43 031 483	30 485 220	29.16	−0.68	−6.64	4.53
其他	43 144 560	33 672 794	21.95	−0.34	3.52	−2.91
合计	850 884 283	766 059 002	9.97	14.92	15.20	−0.22

通过表 9-3 比较各报告分部的外销与内销收入对企业集团的贡献大小，可以了解各个分部收入对外部客户的依赖程度。从该企业的财务报告可以看出某交通运输企业各分部对外部交易收入的比重相当大。这就要求企业更加关注外部客户的经营状况，确保有充足的下游客户。当然，不利在于外部交易比重过大，则企业内销收入就较少，这不利于集团内部各子公司之间的资源配置。再加上，集团对外收入过于依赖一个主要客户，很容易受主要客户经营状况的影响，这样不利于企业进行业务发展。

表 9-3 2019 年某交通运输集团公司主营业务按地区经营情况   单位：千元

分地区	营业收入	营业成本	毛利率(%)	营业收入同比增减(%)	营业成本同比增减(%)	毛利率同比增减(%)
境内	805 806 872	724 502 423	10.09	15.52	15.86	−0.27
境外	45 077 411	41 556 579	7.81	5.17	4.70	0.41
合计	850 884 283	766 059 002	9.97	14.92	15.20	−0.22

3. 主营业务分行业、分地区情况分析

基础设施建设是公司营业收入的最大来源，该业务的营业收入主要来自铁路、公路、市政及其他工程建设。2019 年，国家全面加大基础设施等领域补短板力度，基础设施建设领域稳增长作用日趋显著，受益于"稳增长""稳投资""补短板"政策利好，公司持续推进生产经营体制变革，施工生产能力进一步提升，铁路、公路和市政收入均有明显增加，该业务实现营业收入 7 315.62 亿元，同比增长 17.20%；毛利率为 7.43%，同比基本持平。细分来看，铁路业务实现营业收入 2 234 亿元，同比增长 92%；公路业务实现营业收入 1 234 亿元，同比增长 26.59%；市政及其他业务实现营业收入 3 847 亿元，同比增长 19.43%。

勘察设计与咨询服务的营业收入主要源于为基础设施建设项目提供全方位的勘察

设计与咨询服务、研发、可行性研究和监理服务。2019年,受益于国内基建投资规模的稳定增长,该业务实现营业收入161.72亿元,同比增长10.70%;毛利率为27.45%,同比减少0.59%。该业务毛利率下降的主要原因是:

(1) 人工成本的刚性增长。

(2) 随着业务量快速增长,在人工效能发挥充分后,为了追求边际利润总量最大化,适度增加了委外成本。制造的营业收入主要来自道岔、隧道施工设备、桥梁建筑钢结构、工程施工机械以及铁路电气化器材的设计、研发、制造与销售。2019年,公司以建设"国内领先,世界一流"的高新装备制造企业为目标,以服务型制造业为转型升级方向,该业务实现营业收入169.74亿元,同比增长13.16%;毛利率为23.84%,同比增加0.02%,增长的主要原因是:毛利率较高的高速道岔、声屏障及接触网零配件销售占比提高。

房地产开发方面,2019年,公司紧跟国家房地产政策导向,进一步加大房地产板块转型升级、提质增效力度,开拓新的业务发展空间和新的盈利增长点,着力培育房地产业务品牌竞争力,丰富营销模式,努力克服化解房地产调控政策带来的不利影响。该业务实现营业收入430.31亿元,同比下降0.68%;毛利率为29.16%,同比增加4.53%,增加的主要原因是本期确认收入的部分项目毛利率较高。

其他业务方面,2019年,公司稳步实施有限相关多元化战略,该业务营业收入合计431.45亿元,同比下降0.34%;毛利率为21.95%,同比减少2.91%。

2019年,从分地区上看,公司营业收入的94.7%来自境内地区,5.3%来自境外地区。公司在境内地区实现营业收入8 058.07亿元,同比增长15.52%;实现毛利率10.09%,同比减少0.27%。在境外地区实现收入450.77亿元,同比增长5.17%;实现毛利率7.81%,同比增加0.41%。

讨论:

1. 分部报告划分标准。
2. 分部报告分析应注意问题。

【案例分析】

1. 分部报告划分标准

10%或者以上的重要性标准。收入、利润或亏损、资产的10%及以上标准。报告分部的75%的标准。

2. 分部报告分析应注意问题

(1) 根据分部报告准则的规定,对于存在多种经营或跨地区经营的企业应当正确确定需要单独披露的报告分部,并充分披露每个会计信息使用者的决策需求。

(2) 行业特征、发展趋势、产品生命周期、区域经济条件、客户财务状况甚至国内外的政治因素等都会对各分部产生不同的影响,进而影响公司的风险与收益。因此,还应当结合上述因素综合分析,以便为信息使用者提供真实、可靠、有用的信息。

9.4　季节性行业中期财务报告披露问题——獐子岛公司案例

1. 起因

2014年10月31日,獐子岛发布今年第三季度报以及专项公告,称因为北黄海遭遇异常的冷水团,公司105.64万亩海洋牧场遭遇灭顶之灾,受此影响,公司前三季业绩"大变脸",由上半年的盈利4 845万元转而变为亏损约8.12亿。受此影响,獐子岛股价直线下跌,不得不紧急停牌,接受相关部门调查。

2. 獐子岛的季节性特点

(1) 虾夷扇贝

虾夷扇贝在国内只有獐子岛所在的大连长海县和山东长岛县适宜养殖,而獐子岛是在虾夷扇贝播种期,将幼贝直接撒播在20～50米深的海底,任其"野生野长",等其成型后再拖网采捕或人工潜水采捕。

(2) 冷水团

在我国,冷水团特指黄海中央水团,位于黄海中部洼地的深层和底部,只于夏半年。夏半年,上层水因增温降盐而层化,下层水仍保持其低温(6℃～12℃)、高盐(31.6‰～33.0‰)特性,因而形成冷水团,成为黄海夏季的重要水文特征。7—8月,冷水团达鼎盛期,9月以后,随垂直混合逐渐加深而消失。

(3) 养殖

由上述的特点可以发现:冷水团形成海域与海深和虾夷扇贝的养殖范围刚好重合,加之虾夷扇贝不适宜低温成长的特性,因而冷水团是下半年对于虾夷扇贝冲击最大的自然灾害。加之冬春季寒流的冲击,虾夷扇贝养殖是一个春秋季难觅捕获的季节性行业;在这两个季节一般而言最重要的任务即是防灾。

3. 獐子岛季度中期报告披露问题

(1) 存货监盘

海鲜以及其他大规模养殖业的存货监盘在实际中是难以完成的任务,审计师不可能下到50米的深海仔细探究是否投播了8亿的贝苗。

(2) 特别事项说明

承接獐子岛审计业务的为大华会计事务所,同时对其中期报告进行审阅。虾夷扇贝的存量抽测工作在10月展开,对于这一重大事项大华必须予以跟进:大华进行了三次存货监盘工作,并得出了准予核销的结论。但在这份专项报告的结尾,大华又特别强调"本专项说明仅供獐子岛公司2014年三季度报告披露之目的使用,不得用作任何其他目的"。

讨论：
1. 中期财务报告编制理论基础。
2. 中期财务报告与年度财务报告相比较，其注意事项是什么。

【案例分析】
1. 中期财务报告依据理论基础有两个：一个是独立论，一个是整体论。在独立论下，将每一个中间报告期视为一个基本会计期间；整体论下，将每个中期报告期视为整个会计年度的一部分。我国与国际会计准则处理中倾向于独立论。

2. 中期财务报告应该按规定提供比较财务报表：
(1) 本中期末的资产负债表和上年度末的资产负债表。
(2) 本中期的利润表、年初至年末的利润表以及上年度可比较期间的利润表。
(3) 年初至本中期期末的现金流量表和上年度年初至可比本中期末的现金流量表。

中期财务报告在确认、计量和报告项目时，对项目重要性程度的判断，应该以中期财务数据为基础，不应以年度财务数据为基础。中期会计计量与年度财务数据相比，可在更大程度上依赖于估计，但是，中期财务报告应当包括相关的重要信息。

该獐子岛案例中，中期报告没有披露任何相关风险估计与会计政策处理选择信息，也缺少相关比较财务数据，导致中期报告与年度报告财务指标数据波动巨大，降低会计信息可靠性，影响投资者相关决策。

中期财务报告应当注意会计政策的一致性、会计计量的一致性。

9.5 实 训 活 动

活动要求

1. 中期报告编制理论基础。
2. 季节性行业中期报告披露注意事项。
3. 中期报告披露主要内容。
4. 中期报告与年报主要区别。

活动内容

实训：农作物生产周期对中期财务报告的影响

A农业综合开发股份有限公司是由农垦农工商联合总公司独家发起，采用社会募集方式设立的股份有限公司，公司股票于1999年4月在上海证券交易所上市。该公司经营范围涉及农业种植、牧渔养殖、农产品、畜产品的生产加工及销售，种子及种衣剂的生产及销售，农业机械制造及修理，塑料制品、皮革制品的销售，以及汽车运输等业务。由于最主要的收入和利润来源于棉花生产和销售,因此,棉花的作物生产季节性特征对公司的中期报告业绩造成较大影响。农作物一季度生产经营活动主要为冬灌、春耕、春播;二、三季度生产经营活动主要为田间管理;四季度为收获期,因此,在利用中期报告预测该公司年度业绩时,需要着重考虑作物生产规律对企业业绩的影响。

以下是 A 公司 2019 年度的第一季度、半年度和第三季度财务报告的部分披露内容,可以根据这三份报告及棉花价格的走势来估计企业 2019 年的年度业绩水平,见表 9-4。

表 9-4　A 公司 2019 年第一季度利润表　　　　　　　　　　　单位:元

项　　目	2019 年第一季度	2018 年第一季度
一、营业总收入	119 483 963.44	138 016 457.36
二、营业总成本	118 611 732.73	148 352 662.56
其中:营业成本	72 266 443.87	106 736 827.31
税金及附加	57 741.81	127 389.21
销售费用	15 345 001.06	12 046 312.11
管理费用	13 901 267.27	13 484 145.42
研发费用	1 108 360.38	
财务费用	9 980 553.95	10 762 746.04
其中:利息费用	9 944 372.26	11 517 188.97
利息收入	78 534.59	823 476.05
资产减值损失	5 952 364.39	5 195 242.47
信用减值损失		
加:其他收益	1 030 216.58	1 773 368.63
投资收益	658 769.58	467 138.60
公允价值变动收益		
资产处置收益	−996 784.06	−1 251 870.89
三、营业利润(亏损以"−"号填列)	1 564 432.81	−9 347 568.86
加:营业外收入	534 431.93	108 730.09
减:营业外支出	887 372.56	
四、利润总额(亏损总额以"−"号填列)	1 211 492.18	−9 238 838.77
减:所得税费用		
五、净利润(净亏损以"−"号填列)	1 211 492.18	−9 238 838.77

第一季度经营情况:第一季度公司积极为春耕春播做好各项准备工作。

主营业务及其结构较前一报告期无重大变化发生。上半年和第三季度利润见表 9-5 和表 9-6。

表 9-5　A 公司 2019 年 1—6 月半年度利润表　　　　　　　　单位:元

项　　目	2019 年半年度	2018 年半年度
一、营业总收入	214 737 504.13	310 151 972.49
二、营业总成本	232 759 132.73	328 009 109.10
其中:营业成本	146 121 539.96	246 736 065.78

续表

项　　目	2019年半年度	2018年半年度
税金及附加	1 258 662.69	993 322.40
销售费用	30 388 873.29	25 722 987.16
管理费用	31 398 944.25	30 996 191.49
研发费用	2 211 361.95	
财务费用	21 379 750.59	23 560 542.27
其中：利息费用	34 010 074.50	36 480 067.83
利息收入	14 179 487.09	13 910 067.01
加：其他收益	2 401 426.93	3 568 764.83
投资收益	658 769.57	375 689.07
公允价值变动收益		
信用减值损失	27 904 029.14	
资产减值损失	143 533.40	－3 888 548.75
资产处置收益	－37 639.71	－3 361 191.35
三、营业利润（亏损以"－"号填列）	13 048 490.73	－21 162 422.81
加：营业外收入	893 771.91	237 982.29
减：营业外支出	1 861 617.10	3 064 493.92
四、利润总额（亏损总额以"－"号填列）	12 080 645.54	－23 988 934.44
减：所得税费用		61 460.82
五、净利润（净亏损以"－"号填列）	12 080 645.54	－24 050 395.26

表 9-6　A 公司 2019 年 1—9 月利润表（三季报）　　　　　　　　　　　单位：元

项　　目	2019年第三季度（7—9月）	2018年第三季度（7—9月）	2019年前三季度（1—9月）	2018年前三季度（1—9月）
一、营业总收入	67 723 508.59	116 817 138.89	282 461 012.72	426 969 111.38
二、营业总成本	104 162 097.77	148 681 436.06	336 921 230.50	476 690 545.16
其中：营业成本	65 703 424.89	105 117 771.24	211 824 964.85	351 853 837.02
税金及附加	217 948.12	221 592.25	1 476 610.81	1 214 914.65
销售费用	12 188 058.85	13 113 028.38	42 576 932.14	38 836 015.54
管理费用	16 510 522.89	19 533 015.09	47 909 467.14	50 529 206.58
研发费用	1 070 754.49		3 282 116.44	
财务费用	8 471 388.53	10 696 029.10	29 851 139.12	34 256 571.37
加：其他收益	1 030 217.02	937 696.48	3 431 643.95	4 506 461.31
投资收益	57 491.17		716 260.74	375 689.07
公允价值变动收益				
信用减值损失	3 529 085.67		31 433 114.81	
资产减值损失	2 808 723.53	2 386 799.98	2 952 256.93	－1 501 748.77
资产处置收益	397 302.16	344 368.99	359 662.45	－3 016 822.36
三、营业利润（亏损以"－"号填列）	－28 615 769.63	－28 195 431.72	－15 567 278.90	－49 357 854.53
加：营业外收入	－257 100.07	6 293 805.96	636 671.84	6 531 788.25

续表

项 目	2019年第三季度(7—9月)	2018年第三季度(7—9月)	2019年前三季度(1—9月)	2018年前三季度(1—9月)
减：营业外支出	1 314 882.56	41 810.00	3 176 499.66	3 106 303.92
四、利润总额（亏损总额以"－"号填列）	－30 187 752.26	－21 943 435.76	－18 107 106.72	－45 932 370.20
减：所得税费用				61 460.82
五、净利润（净亏损以"－"号填列）	－30 187 752.26	－21 943 435.76	－18 107 106.72	－45 993 831.02
六、其他综合收益税后净额			－13 493 867.46	
七、综合收益总额	－30 187 752.26	－21 943 435.76	－31 600 974.18	－45 993 831.02
八、每股收益：				
（一）基本每股收益	－0.08	－0.06	－0.05	－0.12
（二）稀释每股收益	－0.08	－0.06	－0.05	－0.12

讨论：
1. 季节性行业中期财务报表分析要点。
2. 根据以上 A 公司中期财务报告分析预测其年度业绩水平。

活动评价

1. 季节性行业中期财务报表分析要点

（1）收入的预测或测算

如果一家季节性企业的业务主要发生在上半年，那么其中期财务数据的收入很可能占据了全年的绝大部分；反之，可能是其中期报表上收入寥寥。很明显，这两种情况对于外部使用者都会产生一种误导。在中期财务报告中如何合理分配、预测当期乃至全年收入情况是一大难点。美国会计师协会认为如果企业年末对年度内季节性收入进行预计或递延不合适的话，则在中期财务报告日也不应对此种收入进行预计或递延，这种收入应当在发生时予以确认。这显然是一种独立论的观点，可见在强调一体化编制前提下，收入的问题困扰着季节性行业中期报表的编制。

（2）成本的分配与测算

与收入的情况有点类似，成本的测算也面临分配的问题。部分学者主张利用当期业务量来核算，不过在实际中，尤其是季节性行业中操作性不强，比如原材料价格的核算。所以现在多是用表外披露的方式进行详述。

2. 第一季度财报分析

由于公司所处农业种植行业的特殊性，季节性收入明显，1—3 季度营业收入有所下降,同时营业成本也有所下降,其中税金及附加下降幅度较高。因此,2019年第1季度净利润同比增加,由亏损转为盈利。

半年中期财务报告分析,由于受棉花市场价格大幅下滑影响和公司所处地理环境的季节性影响,报告期内公司净利润没有显著增加,净利润与第一季度持平,净利润依然为1 200多万元。公司管理层认识到主营业务单一并受季节性影响较大,反映出公司抵抗市场风险的能力较弱,这对公司在产业结构调整和农业经营模式及管理技术上提出了更高的要求。

造成公司业绩大幅度下滑的原因主要是:营业收入变动主要是公司处于产品结构调整期致销量减少;营业成本变动主要是销量减少至成本同比减少;销售费用变动主要系下属子公司费用增加所致;财务费用变动原因是公司同比贷款减少致利息支出减少。

因报告年度对低产农田及工副业资产进行了必要改造,土地开荒费及固定资产投资增加,管理费用中折旧额的提取及长期待摊费用摊销额增加,对净利润影响较大。根据本地区农业生产季节周期特点,在下半年里此局面将得到扭转。

从三张季度报表来看,公司一共亏损了3 000多万元,难道在最后一个季度还能起死回生吗?

事实上,如公司在"管理层讨论与分析"中披露的,由于棉花作物的生产销售特征,公司收入的很大部分将在第四季度产生,同时国内棉花价格上涨也为企业创造一个良好的年度业绩奠定了基础。

(1) A公司的生产及销售期间特征

棉花作物一季度生产经营活动主要为冬灌、春耕、春播;二、三季度生产经营活动主要为田间管理;四季度为收获期。因此,棉花的销售也具有明显的季节特征,从每年9月到次年3月为主要的收获与销售期间,跨年度边收边销。一般75%计入当年销售收入,25%结转下年。因此可以得出一个重要结论,公司全年的业绩决定于第四季度的棉花收获与销售,并且只有此期间的棉花价格才对公司的全年业绩水平产生重大影响。

(2) 棉价逐渐走高

由于国内棉花减产及棉制品出口拉动需求的作用,国内棉花供需平衡被打破,价格出现持续上涨。这样,估计A公司全年可以实现销售收入增长,净利润为盈利。尽管截至2019年9月底公司净利润为-1 800多万元。

在对中期报告进行分析的过程中,分析者不应受到财务报告表面数字的误导,而得出A公司2019年度将出现亏损的结论,而应从企业生产销售的时间性特征出发,结合时间区间商品价格的波动,对企业全年的业绩作出合理的估计。怎样利用中期报告,找出企业业绩年度内变化的轨迹,将是会计分析师所面临的重大挑战。

本章小结

分布报告《企业会计准则第 35 号——分部报告》规定,企业应当以对外提供的财务报表为基础披露分部信息。对外提供合并财务报表的企业,应当以合并财务报表为基础披露分部信息。企业在披露分部信息时,应当首先确定其经营分部,然后从中选择报告分部。

报告分部的确定标准,10%或者以上的重要性标准。收入,或利润,或亏损,或资产的 10% 及以上标准。报告分部的 75% 的标准。

中期报告披露原理:独立观和整体观;中期财务报告至少要提供比较资产负债表、比较利润表、比较现金流量表和比较所有者权益变动表。

思考题

1. 简述我国上市公司信息披露的制度体系,比较中美年度报告披露的主要差异。
2. 为何要编制分部报告,分部的划分要考虑哪些因素。
3. 报告分部确定的标准是什么?请具体说明。
4. 请简要评价整体观和独立观。
5. 请查阅一家上市公司中期财务报告,与其年度财务报告进行比较,指出中期财务报告和年度财务报告信息披露的主要差异。

第 10 章

租 赁 会 计

学习目标

1. 了解租赁的概念。
2. 理解已识别资产和控制资产使用的权利。
3. 掌握承租人的会计业务计处理。
4. 掌握出租人的融资租赁、经营性租赁的会计业务处理。
5. 了解售后租回交易。

※ **本章相关的会计准则**

1. 《企业会计准则第 21 号——租赁》,2018 年 12 月修订,财政部
2. IFRS16,Leasing（revised 2016）

10.1 租赁的相关概念

1. 租赁的概念

会计准则所称租赁即租赁合同,是指在一定期间内,出租人将资产的使用权让与承租人以获取租金的协议。在合同开始日,企业应当评估合同是否为租赁或者包含租赁。如果合同中一方让渡了在一定期间内控制一项或多项已识别资产使用的权利以换取对价,则该合同为租赁或者包含租赁。

短期租赁,是指在租赁期开始日,租赁期不超过 12 个月的租赁。包含购买选择权的租赁不属于短期租赁。

低价值资产租赁,是指单项租赁资产为全新资产时价值较低的租赁。

2. 已识别资产和控制资产使用的权利

已识别资产通常由合同明确指定,也可以在资产可供客户使用时隐性指定。但是如果资产的供应方在整个使用期间拥有对该资产的实质性替换权,则该资产不属于已识别资产。

为确定是否具有控制已识别资产使用的权利,企业应当评估合同中的客户是否有权在使用期间因使用已识别资产所产生的几乎全部经济利益,并有权在该使用期间主导已识别资产的使用。

10.2 承租人的会计处理

在租赁期开始日,承租人应当对租赁确认使用权资产和租赁负债,应用本准则进行简化处理的短期租赁和低价值资产租赁除外。

使用权资产应当按照成本进行初始计量。该成本包括:

(1) 租赁负债的初始计量金额;

(2) 在租赁期开始日或之前支付的租赁付款额,存在租赁激励的,扣除已享受的租赁激励相关金额;

(3) 承租人发生的初始直接费用;

(4) 承租人为拆卸及移除租赁资产、复原租赁资产所在场地或将租赁资产恢复至租赁条款约定状态预计将发生的成本。

租赁负债应当按照租赁期开始日尚未支付的租赁付款额的现值进行初始计量。

10.3 出租人的会计处理

租赁开始日将租赁分为融资租赁和经营租赁。租赁开始日,是指租赁合同签署日与租赁各方就主要租赁条款做出承诺日中的较早者。

融资租赁,是指实质上转移了与租赁资产所有权有关的几乎全部风险和报酬的租赁。其所有权最终可能转移,也可能不转移。经营租赁,是指除融资租赁以外的其他租赁。

一项租赁存在下列一种或多种情形的,通常分类为融资租赁。

(1) 在租赁期届满时,租赁资产的所有权转移给承租人。

(2) 承租人有购买租赁资产的选择权,所订立的购买价款与预计行使选择权时租赁资产的公允价值相比足够低,因而在租赁开始日就可以合理确定承租人将行使该选择权。

(3) 资产的所有权虽然不转移,但租赁期占租赁资产使用寿命的大部分。

(4) 在租赁开始日,租赁收款额的现值几乎相当于租赁资产的公允价值。

(5) 租赁资产性质特殊,如果不作较大改造,只有承租人才能使用。

在租赁期开始日,出租人应当对融资租赁确认应收融资租赁款,并终止确认融资租赁资产。出租人对应收融资租赁款进行初始计量时,应当以租赁投资净额作为应收融资租赁款的入账价值。

租赁投资净额为未担保余值和租赁期开始日尚未收到的租赁收款额按照租赁内含利率折现的现值之和。租赁收款额,是指出租人因让渡在租赁期内使用租赁资产的权利而应向承租人收取的款项,包括:

(1) 承租人需支付的固定付款额及实质固定付款额,存在租赁激励的,扣除租赁激励相关金额;

(2) 取决于指数或比率的可变租赁付款额,该款项在初始计量时根据租赁期开始日的指数或比率确定;

(3) 购买选择权的行权价格,前提是合理确定承租人将行使该选择权;

(4) 承租人行使终止租赁选择权需支付的款项,前提是租赁期反映出承租人将行使终止租赁选择权;

(5) 由承租人、与承租人有关的一方以及有经济能力履行担保义务的独立第三方向出租人提供的担保余值。

10.4 售后租回

售后租回交易中的资产转让属于销售的,承租人应当按原资产账面价值中与租回获得的使用权有关的部分,计量售后租回所形成的使用权资产,并仅就转让至出租人的权利确认相关利得或损失;出租人应当根据其他适用的企业会计准则对资产购买进行会计处理,并根据本准则对资产出租进行会计处理。

售后租回交易中的资产转让不属于销售的,承租人应当继续确认被转让资产,同时确认一项与转让收入等额的金融负债,并按照《企业会计准则第22号——金融工具确认和计量》对该金融负债进行会计处理;出租人不确认被转让资产,但应当确认一项与转让收入等额的金融资产,并按照《企业会计准则第22号——金融工具确认和计量》对该金融资产进行会计处理。

10.5 确定合同是否让渡已识别资产使用权利案例

客户有权决定资产的使用方式和目的。

乙公司与甲公司签订为期5年、使用指定船只的合同。在整个使用期间,乙公司有权决定是否运货和运什么货,以及船只何时航行和驶往哪个港口,但须受到合同中限制条款的约束。这些限制条款禁止甲公司将船只驶往海盗出没风险较高的水域或运输易燃易爆货物。甲公司操作并维护船只,负责安全通航。

讨论:

乙公司是否有权主导该船只的使用?该合同是否属于租赁合同?

【案例分析】

乙公司有权主导该船只的使用。合同的限制条款属于保护性权利,目的是保护甲公司的船只投资以及船员。在使用权范围内,乙公司可在5年合同期内决定船只的使用方式和目的,因为乙公司可以决定是否出航、出航地点、出航时间以及运输的货物。乙公司有权在使用期间改变这些决定。该合同属于租赁合同。

10.6 "海洋石油"船舶融资租赁案例

1. "海洋石油"船舶融资租赁背景简介

中国海洋石油集团有限公司主要从事油气开采业务,深水油气勘探成了中海油发展的重点,而深水多功能安装船是进行水下工程施工作业的重要载体,因此公司迫切需要配备南海深水多功能安装船,以推进突破水下业务板块发展。

深水多功能工程船具有建设周期长(一般3年以上)、资产价值高(1.5亿美元左右)、租赁费用高(租金为15万美元/天)等特点。结合当前及未来市场情况,对"海洋石油289"船的购置采取了租赁形式。

2. "海洋石油"船舶融资租赁方案分析

根据我国现行会计准则《企业会计准则第21号——租赁》,租赁负债应当按照租赁期开始日尚未支付的租赁付款额的现值进行初始计量;使用权资产应当按照成本进行初始计量。该成本包括:

(1) 租赁负债的初始计量金额。

(2) 在租赁期开始日或之前支付的租赁付款额。存在租赁激励的,扣除已享受的租赁激励相关金额。直线法计提折旧,折旧费可以抵减所得税额。"海洋石油"船舶的融资租赁方案如下:

融资金额:船舶买卖合同14 920万美元,公司融资比例为80%。首付款为船值的20%,2 984万美元,银行存款已付。

租赁年限:6年,共24期,按季度支付租赁利率:Libor+320bp(3.47%)。

手续费:融资金额的2.5%。

预付租金:融资金额的10%,并抵扣最后一期租金。

直线法计提折旧,折旧年限6年。

期末余值:船舶购买价格的20%,即2 984万美元。并担保余值2 984万美元。

租期结束时,承租人按照该价格购买租赁船舶。

折现率:6%,假设内含报酬率6%(见表10-1)。

表 10-1　承租人中海油租赁测算表　　　　　　　单位：万美元

项　目	公　式	金　额
首付款	船值的 20%	2 984
担保余值现值	(P/F,6%/4,24)	2 103
预付款	船值的 10%(可抵扣最后一期租金)	1 492
手续费	融资额的 25%	298
租金的现值之和	(P/A,6%/4,24)	8 826
折旧抵税	(P/A,6%/12,72)	−733
预付租金抵扣现值	(P/F,6%/4,24)	−1 226
项目成本现值		13 746

讨论：

1. 2019 年实施的新准则下承租人会计业务处理？
2. "海洋石油"船舶融资租赁业务按照 IFRS16 租赁准则会计业务如何处理？
3. "海洋石油"船舶融资租赁对于中海油公司资本结构是否有影响？
4. 船舶融资租赁有什么风险？（拓展题）

【案例分析】

1. 新准则下，对于短期租赁和低价值租赁，承租人可以选择不确认使用权资产和租赁负债。短期租赁是指在租赁开始日，租赁期不超过 12 个月的租赁。低价值资产租赁，是指单项租赁资产为全新资产时价值较低的租赁。低价值资产租赁的判定仅与资产的绝对价值有关，不受承租人规模、性质或其他情况影响，且应符合单独租赁的分析。

在租赁期开始日，承租人应当对租赁确认使用权资产和租赁负债，应用本准则进行简化处理的短期租赁和低价值资产租赁除外。

使用权资产应当按照成本进行初始计量。该成本包括：

（1）租赁负债的初始计量金额；

（2）在租赁期开始日或之前支付的租赁付款额，存在租赁激励的，扣除已享受的租赁激励相关金额；

（3）承租人发生的初始直接费用；

（4）承租人为拆卸及移除租赁资产、复原租赁资产所在场地或将租赁资产恢复至租赁条款约定状态预计将发生的成本。

租赁负债应当按照租赁期开始日尚未支付的租赁付款额的现值进行初始计量。租赁付款额，是指承租人向出租人支付的与在租赁期内使用租赁资产的权利相关的款项，包括：

（1）固定付款额及实质固定付款额，存在租赁激励的，扣除租赁激励相关金额；

（2）取决于指数或比率的可变租赁付款额，该款项在初始计量时根据租赁期开始日的指数或比率确定；

（3）购买选择权的行权价格，前提是承租人合理确定将行使该选择权；

(4) 行使终止租赁选择权需支付的款项,前提是租赁期反映出承租人将行使终止租赁选择权;

(5) 根据承租人提供的担保余值预计应支付的款项。

2. 中海油公司承租方会计业务处理

(1) 确定租赁负债的入账价值

租赁负债=8 826+2 103=10 929(万美元)

(2) 确定使用权资产的入账价值

使用权资产=10 929+298=11 227(万美元)

借:使用权资产　　　　　　　　　　　　　　11 227
　　贷:租赁负债　　　　　　　　　　　　　　　10 929
　　　　银行存款　　　　　　　　　　　　　　　　298

(3) 编制利息费用分摊表略

利息费用分摊:(10 929-1 492)×6%=566 22(万美元)

借:财务费用　　　　　　　　　　　　　　　566 22
　　贷:租赁负债　　　　　　　　　　　　　　566 22

(4) 支付租金

借:租赁负债　　　　　　　　　　　　　　　1 492
　　贷:银行存款　　　　　　　　　　　　　　1 492

(5) 计提折旧(11 227-2 984)/6=1 373.83(万美元)

借:制造费用　　　　　　　　　　　　　　1 373.83
　　贷:累计折旧　　　　　　　　　　　　　1 373.83

(6) 租赁期满,购买该船舶,11 810×20%=2 984(万美元)

借:租赁负债　　　　　　　　　　　　　　　2 984
　　贷:银行存款　　　　　　　　　　　　　　2 984

同时,转换固定资产类别

借:固定资产　　　　　　　　　　　　　　11 227
　　贷:使用权资产　　　　　　　　　　　　11 227

3. "海洋石油"船舶采用租赁的形式,具有以下优势

(1) 改善公司现金流

公司前期支付20%的首付款和10%的预付款,即可取得"海洋石油"船舶的使用权,这会在船舶使用期的前几年大大改善公司现金流量。工程船的建设周期一般为3年,而"海洋石油"船舶的融资租赁期限为6年,融资租赁期限比建造期时限长,明显减轻船舶营运前期的资金压力。同时,租金支付采取按季度支付的形式,比银行贷款还款的方式

灵活,有利于公司合理分配和充分使用资金。

(2) 降低企业融资成本

资金具有时间性,现有的一笔资金通常比将来某一时间同一数额的资金更具有价值。相应地,在今后付出一笔既定的资金比现在付出同一数额资金的成本要小。

"海洋石油"船舶融资比例为80%,融资期限为6年,分期付款的周期为季度,有效地降低了企业的融资成本。根据税法,企业折旧费和贷款利息可以税前抵扣以获得税赋利益。"海洋石油"船舶在融资租赁方案下,船每月计提的折旧费、租金包含的利息,可以用来减少应税所得额,获得税赋利益。

(3) 优化公司资本结构

在法律上融资租赁企业不拥有资产的所有权,但实质上掌握资产的使用权。通过融资租赁"海洋石油"船舶,公司实现资产由流动性较差的固定资产向流动性最强的现金资产转变,有助于增强企业资产的流动性,调整资本结构,提高资产使用效率和资本回报率。

4. 船舶融资租赁涉及的业务风险面广、业务风险较大,涉及航运市场经营风险、利率汇率风险、海事特性风险、船舶毁损风险以及可回收风险等,航运市场的特征决定了船舶租赁的高风险性。

例如汇率风险,船舶融资大多涉及国际支付结算,存在因汇率变动而蒙受损失的可能性,由此衍生出汇率风险。"海洋石油"船舶在融资租赁的过程中,以美元为结算单位,未来在支付船舶租金及尾款的过程中,货币汇率的上下波动而产生损益,由于船舶融资租赁金额较高,故汇率风险对损益有一定的影响。利率风险,船舶本身的高价值性,决定了出租人为购买或建造船舶而支付的巨额资金需向第三人筹集,当融资租赁签订的是浮动利率的条件下,将给公司带来一定的风险敞口。

10.7 售后租回案例

2018年12月1日,珠江集团公司签订房屋买卖合同,将一栋造价2 000万元的写字楼按照公允价值2 800万元出售给湘江地产有限公司,该合约构成销售。同时,双方又签署租赁合同,约定租期为10年,珠江集团公司自2019年起每年年底支付租金300万元。出售方—承租人珠江集团公司的增量借款利率为5%;折旧年限10年,采用平均年限法计提折旧。$(P/A, 10, 5\%) = 7.721\ 7$。

讨论:

1. 对珠江集团公司业务进行会计业务处理。
2. 售后租回中资产转让构成销售与不构成销售会计业务处理的差异。

【案例分析】

1. 出售方—承租人珠江集团公司的会计业务处理

(1) 2018 年 12 月 1 日将固定资产转入固定资产清理状态

借：固定资产清理　　　　　　　　　　　　　　　20 000 000
　　贷：固定资产　　　　　　　　　　　　　　　　　　　20 000 000

(2) 2019 年 1 月 1 日记录租赁合同的使用权资产和租赁负债

① 租赁负债计算

租赁负债＝30 000 000×$P/A(10,5\%)$＝30 000 000×7.721 7＝23 165 100(元)

② 使用权资产计算

资产公允价值＝资产账面价值＋资产转让价差
　　　　　　＝2 000＋800＝2 800(万元)

归属于已出售的权力的部分＝租赁负债×资产转让价差/资产公允价值
　　　　　　　　　　　　＝23 165 100×8 000 000/280 000 000
　　　　　　　　　　　　＝6 618 600(元)

使用权资产＝租赁负债×资产账面价值/资产公允价值
　　　　　＝23 165 100×20 000 000/28 000 000
　　　　　＝16 546 500(元)

未来各期利息的现值＝28 000 000－23 165 100＝4 834 900(元)

③ 资产处置收益的计算

归属已出售的权利的部分＝未来各期利息的现值×资产转让价差/资产公允价值
　　　　　　　　　　　＝4 834 900×8 000 000/28 000 000
　　　　　　　　　　　＝1 381 400(元)

归属于保留的使用权资产的部分
＝未来各期利息的现值×资产账面价值/资产公允价值
＝4 834 900×20 000 000/28 000 000
＝3 453 500(元)

借：银行存款　　　　　　　　　　　　　　　　　28 000 000
　　使用权资产　　　　　　　　　　　　　　　　16 546 500
　　贷：固定资产清理　　　　　　　　　　　　　　　　20 000 000
　　　　租赁负债　　　　　　　　　　　　　　　　　　23 165 100
　　　　资产处置收益　　　　　　　　　　　　　　　　 1 381 400

(3) 2019 年至 2029 年每年年末记录财务费用(以 2019 年为例)

23 165 100×5%＝1 158 255(元)

借：财务费用　　　　　　　　　　　　　　　　　 1 158 255
　　贷：租赁负债　　　　　　　　　　　　　　　　　　 1 158 255

(4) 每年年末支付固定租金付款额

借：租赁负债　　　　　　　　　　　　　　　　　 3 000 000

　　　　贷：银行存款　　　　　　　　　　　　　　　3 000 000
（5）每年计提折旧 16 546 500/10＝1 654 650(元)
　　借：制造费用　　　　　　　　　　　　　　　1 654 650
　　　　贷：累计折旧　　　　　　　　　　　　　　　1 654 650
（6）租赁期满退还
　　借：累计折旧　　　　　　　　　　　　　　　16 546 500
　　　　贷：使用权资产　　　　　　　　　　　　　　16 546 500
2．资产转让不构成销售的，承租人应当继续确认被转让资产，同时确认一项与转让收入等额的金融负债，并按照《企业会计准则第22号——金融工具确认和计量》对该金融负债进行会计处理。

10.8　实 训 活 动

活动要求

1．何为已识别资产和控制资产使用的权利？
2．使用权资产初始成本包括哪些？租赁负债如何计量？
3．什么是租赁付款额与租赁收款额？
4．承租人与出租人租赁业务会计处理。

活动内容

实训一：确定合同是否让渡已识别资产使用的权利

由共同经营签订的合同。

共同经营乙公司是一家具备法人资格的单独主体。乙公司与甲公司(石油和天然气服务提供者)签订为期3年、使用钻塔的合同。所使用的钻塔在合同中已明确指定，甲公司没有替换权。甲公司负责钻塔的操作、维护及安全。乙公司有权决定钻塔的使用时间和地点，以及进行勘探的目标区域。

要求：

请分析该合同是否包含一项租赁？

实训二：承租人与出租人业务处理

海梦船舶公司向光谱公司租入设备，合同主要条款如下：

（1）租赁期自2017年1月1日起，至2020年12月31日，共4年。

（2）租金支付方式为租赁期间内每年年末支付固定付款额16 000 000元。此外，承租方每年年末需为该设备支付 100 000 元的保险费、维护费等实质固定付款额,均由承租方承担。该设备公允价值和账面价值均为 55 000 000 元。

(3) 承租人因提供了担保余值而预计应支付的款项 200 000 元。设备估计余值 500 000 元,则未担保余值 300 000 元。

(4) 承租人不知道出租人的租赁内含利率。承租人增量借款利率为 7%(年利率)。

(5) 承租人的初始直接费用为 8 000 元。

(6) 该套设备估计使用年限为 5 年,承租方无法合理确定租赁期届满时能够取得租赁资产所有权。

(7) 承租方对设备采用直线法计提折旧。

(8) 在租赁期最后一期,承租方因使用该机器比较满意,支付了未纳入租赁负债计量的可变租赁付款额 50 000 元。

$(P/A,4,7\%)=3.3872 \quad (P/V,4,7\%)=0.7629$

要求:

(1) 租赁开始日,出租人和承租人相应的会计处理。

(2) 编制应收租赁款和应付租赁款的摊销表。

(3) 在租赁期届满时,为出租人和承租人编制相应的会计分录。

实训三:售后租回形成销售

2018 年 1 月 1 日,晨星公司向曙光公司出售一台账面价值为 3 500 万元使用中的设备,并收取 4500 万元银行存款,当日,该设备公允价值为 4 500 万元,晨星公司租回设备继续用于管理。与此同时,晨星公司与曙光公司订立一项合同,以获得该设备 5 年的使用权并在每年年末支付 1 000 万元。假设该设备预计尚可使用年限为 20 年,无残值。

曙光公司取得了设备的控制权,晨星公司出售该设备满足收入的确认条件。曙光公司将该租赁归类为经营租赁。本题不考虑任何初始直接成本,不考虑增值税等相关税费。假定晨星公司的增量借款利率为 8%。

$(P/A,8\%,5)=3.9927$。

要求: 为晨星公司(卖方承租人)编制相应的会计分录。

 活动评价

实训一:确定合同是否让渡了已识别资产使用的权利

由乙公司亲自签订合同,因此乙公司为客户。此外,由于钻塔是一项可识别资产,乙公司有权从钻塔的使用中获得几乎所有的经济利益,且乙公司有权主导钻塔的使用,因此该合同包含一项租赁。相应地,乙公司的各参与方按其所占份额确认使用权资产和租赁负债。

实训二：海梦船舶公司与光谱公司租赁业务处理

1. 承租人海梦船舶公司的会计处理如下

（1）2017 年 1 月 1 日确定租赁负债的入账价值时

租赁负债 $= 16\,100\,000 \times (P/A, 4, 7\%) + 200\,000 \times (P/V, 4, 7\%)$

$\qquad\qquad = 16\,100\,000 \times 3.387\,2 + 200\,000 \times 0.762\,9$

$\qquad\qquad = 54\,533\,922$（元）

（2）2017 年 1 月 1 日确定使用权资产的入账价值时

使用权资产 = 租赁负债的初始计量金额 + 初始直接费用

$\qquad\qquad = 54\,533\,922 + 8\,000$

$\qquad\qquad = 54\,541\,922$（元）

借：使用权资产　　　　　　　　　　　　　　　54 541 922

　　贷：租赁负债　　　　　　　　　　　　　　　54 533 922

　　　　银行存款　　　　　　　　　　　　　　　　　 8 000

（3）编制利息费用分摊表

日期	租赁负债				使用权资产	
	利息费用	固定付款额	实质固定付款额	租赁负债的摊余成本	折旧	余额
	①=④×7%	②	③	本期④=期初+①-②-③	⑤	⑥=期初⑥-⑤
2017.01.01				54 533 922		54 541 922
2017.12.31	3 817 375	100 000	16 000 000	42 251 297	13 585 480	40 956 442
2018.12.31	2 957 591	100 000	16 000 000	29 108 888	13 585 480	27 370 962
2019.12.31	2 037 622	100 000	16 000 000	15 046 510	13 585 480	13 785 482
2020.12.31	1 053 256	100 000	16 000 000	200 000	13 585 482	200 000
合计	9 865 844	400 000	64 000 000		54 341 922	

（4）承租方因使用该机器比较满意，支付了未纳入租赁负债计量的可变租赁付款额 50 000 元

借：管理费用　　　　　　　　　　　　　　　　　50 000

　　贷：银行存款　　　　　　　　　　　　　　　　50 000

（5）租赁期满时的会计处理

2025 年年初如果承租方不购买，则退还该套设备。

借：租赁负债　　　　　　　　　　　　　　　　　200 000

　　累计折旧　　　　　　　　　　　　　　　　54 341 922

　　贷：使用权资产　　　　　　　　　　　　　54 541 922

2. 出租人光谱公司业务处理

(1) 租赁内含利率的计算

$$租赁资产公允价值 + 出租人的初始直接费用 = \sum_{t=1}^{n} \frac{第\ t\ 期的租赁收款额}{(1+r)^t} + \frac{未担保余值}{(1+r)^n}$$

55 000 000 = 16 000 000($P/A, r, 4$) + 300 000($P/V, r, 4$)

内含利率 $r = 8.2\%$。

(2) 确定应收融资租赁款的入账价值

借：应收融资租赁款　　　　　　　　　　　　　55 000 000
　　贷：固定资产　　　　　　　　　　　　　　　　　　55 000 000

(3) 租赁收入确认表(IRR=8.2%)

应收融资租赁款的计算

日　　期	租赁投资净额		
	利息收入	租赁收款额	应收融资租赁款摊余成本
	(1)=期初(3)×8.2%	(2)	期末(3)=期初(3)+(1)-(2)
2017.01.01			55 000 000
2017.12.31	4 100 000	16 000 000	39 410 000
2018.12.31	3 231 620	16 000 000	26 641 620
2019.12.31	2 184 612	16 000 000	12 826 232
2020.12.31	1 051 751	16 000 000	500 000
合　计	9 500 000	64 000 000	

(4) 2020年收到承租方因使用该机器比较满意而支付的未纳入租赁负债计量的可变租赁付款额 50 000 元时。

借：银行存款　　　　　　　　　　　　　　　　50 000
　　贷：租赁收入　　　　　　　　　　　　　　　　　　50 000

(5) 租赁期满时,2020年年底,应收融资租赁款的借方余额为 500 000 元。如果承租方不购买,则出租方收回该套设备。

借：固定资产　　　　　　　　　　　　　　　　500 000
　　贷：应收融资租赁款　　　　　　　　　　　　　　　500 000

实训三：晨星公司售后租回业务处理

1. 计算使用权资产。

5 年租赁付款额的现值 = 1 000 × ($P/A, 8\%, 5$) = 1 000 × 3.992 7 = 3 992.7(万元)；

调整额 = 交易对价 − 公允价值 = 4 500 − 4 500 = 0(万元)；

使用权资产 = 账面价值 × 经调整的租赁付款额现值/公允价值

　　　　　= 3 500 × 3 992.7/4 500 = 3 105.43(万元)

2. 计算已转让利得。

资产销售的总利得＝公允价值－账面价值＝4 500－3 500＝1 000(万元)；

与保留的使用权资产相关的利得＝3 992.7－3 105.43＝887.27(万元)；

与已转让资产相关的利得＝1 000－887.27＝1 000×507.3/4 500＝112.73(万元)(相当于处置,需要确认,处置比例 507.3/4 500)。

3. 晨光公司的会计分录

(1) 2018 年 1 月 1 日

借：银行存款	4 500
使用权资产	3 105.43
租赁负债	1 007.3
贷：固定资产清理	3 500
租赁负债	5 000
资产处置收益	112.73

租赁负债账面价值＝应付融资租赁款－未确认融资费用＝5 000－1 007.3＝3 992.7(万元)。

(2) 2018 年 12 月 31 日

借：租赁负债	1 000
贷：银行存款	1 000
借：财务费用	319.416(3 992.7×8%)
贷：租赁负债	319.416
借：管理费用	621.086
贷：累计折旧	621.086　(3 105.43/5)

10.9　租赁实训练习

实训练习一　租赁

2016 年 12 月 20 日澳柯玛公司与某租赁公司签订了一份重型机床设备融资租赁合约,设备全新,2017 年 1 月 1 日的公允价值为 515.71 万元,预计使用年限 5 年,澳柯玛公司发生的初始直接费用为 1 万元。合同主要条款如下：租赁开始日：2017 年 1 月 1 日,租赁期：2017-01-01 至 2020-12-31,共 4 年。租金支付方式：租赁开始日起每年年末支付 150 万元。澳柯玛公司担保租赁期满时重型机床设备余值为 10 万元,没有未担保余值。承租人增量借款利率 7%。租赁期满时,澳柯玛公司应将设备归还租赁公司。澳柯玛公司对该融资租赁固定资产采用年限平均法计提折旧,假设租赁内涵利率为 7%。

$(P/A,4,7\%)=3.387\ 2$　　$(P/V,4,7\%)=0.762\ 9$

要求：1. 请做承租人澳柯玛公司租赁业务会计处理。
2. 请做某租赁公司出租方租赁业务相关会计处理。

实训练习二 资产转让不形成销售

2018 年 1 月 1 日，晨星公司向曙光公司出售一台账面价值为 3 500 万元使用中的设备，并收取 4 500 万元银行存款，当日，该设备公允价值为 4 500 万元，晨星公司租回设备继续用于管理。与此同时，晨星公司与曙光公司订立一项合同，以获得该设备 5 年的使用权并在每年年末支付 1 000 万元。假设该设备预计尚可使用年限为 20 年，无残值。

曙光公司并没有取得设备的控制权，晨星公司不满足收入的确认条件。本题不考虑任何初始直接成本，不考虑增值税等相关税费。假定晨星公司的增量借款利率为 8%。$(P/A,8\%,5)=3.9927$。

要求：分别为晨星、曙光公司编制相应的会计分录。

租赁实训练习答案

本章小结

租赁的概念：在一定期间内，出租人将资产的使用权让与承租人以获取对价的行为。在合同开始日，企业应当评估合同是否为租赁或者包含租赁。如果合同中一方让渡了在一定期间内控制一项或多项已识别资产使用的权利以换取对价，则该合同为租赁或者包含租赁。

承租人应当对租赁确认使用权资产和租赁负债，应用本准则进行简化处理的短期租赁和低价值资产租赁除外。使用权资产应当按照成本进行初始计量。该成本包括：(1) 租赁负债的初始计量金额；(2) 在租赁期开始日或之前支付的租赁付款额，存在租赁激励的，扣除已享受的租赁激励相关金额；(3) 承租人发生的初始直接费用；(4) 承租人为拆卸及移除租赁资产、复原租赁资产所在场地或将租赁资产恢复至租赁条款约定状态预计将发生的成本。租赁负债应当按照租赁期开始日尚未支付的租赁付款额的现值进行初始计量。

融资租赁是指实质上转移了与租赁资产所有权有关的几乎全部风险和报酬的租赁。其所有权最终可能转移，也可能不转移。经营租赁是指除融资租赁以外的其他租赁。一项租赁存在下列一种或多种情形的,通常分类为融资租赁:(1)在租赁期届满时,租赁资产的所有权转移给承租人。(2)承租人有购买租赁资产的选择权,所订立的购买价款与预计行使选择权时租赁资产的公允价值相比足够低,因而在租赁开始日就可以合理确定承租人将行使该选择权。(3)资产的所有权虽然不转移,但租赁期占租赁资产使用寿命的大部分。(4)在租赁开始日,租赁收款额的现值几乎相当于租赁资产的公允价值。(5)租赁资产性质特殊,如果不作较大改造,只有承租人才能使用。

出租人应当对融资租赁确认应收融资租赁款,并终止确认融资租赁资产。出租人对应收融资租赁款进行初始计量时,应当以租赁投资净额作为应收融资租赁款的入账价值。

 思考题

1. 租赁的识别标准?
2. 担保余值、未担保余值含义。
3. 租赁付款额与租赁收款额的差异。
4. 使用权资产确认的实质是什么?租赁负债终值与租赁负债现值的差额如何处理?
5. 售后租回承租人形成销售与不形成销售会计业务处理的差异。

第 11 章

公司财务困境

学习目标

1. 了解公司财务困境含义。
2. 掌握债务重组的概念。
3. 掌握债务重组方式。
4. 掌握债务重组会计处理。
5. 了解破产清算会计处理。

※ **本章相关会计准则**

1.《企业会计准则第 12 号——债务重组》,财政部 2019 年修订
2.《企业破产清算有关会计处理规定》,财政部 2016 年修订
3. FASB Statement No.15,Accounting by Debtors and Creditors for Troubled Debt Restructurings

11.1 债 务 重 组

1. 公司财务困境

公司财务困境是从现金流量而不是盈利的角度定义,补救措施包括:与债权人直接协议进行债务重组,企业重组或者进入破产清算程序。

2. 债务重组含义、债务重组方式

债务重组是指不改变交易对手方的情况下,债权人和债务人通过以下方式就债务条款重新达成协议的交易。

(1) 以存货、长期股权投资、投资性房地产、固定资产、生物资产、无形资产等非现金资产清偿债务;

(2) 将债务转为权益工具；

(3) 除上述(1)和(2)两种方式修改其他债务条件，如调整债务本金、改变债务利息、变更还款期限等。

3. 债务重组下列情况适用其他相关会计准则

(1) 债务重组中涉及的债权、重组债权、债务、重组债务和其他金融工具的确认、计量和列报，分别适用《企业会计准则第22号——金融工具确认和计量》和《企业会计准则第37号——金融工具列报》。

(2) 通过债务重组形成企业合并的，适用《企业会计准则第20号——企业合并》。

(3) 债权人或债务人中的一方直接或间接对另一方持股且以股东身份进行债务重组的，或者债权人与债务人在债务重组前后均受同一方或相同的多方最终控制，且该债务重组的交易实质是债权人或债务人进行了权益性分配或接受了权益性投入的，适用权益性交易的有关会计处理规定。

4. 债务重组会计处理

(1) 债权人的会计处理

以资产清偿债务或者将债务转为权益工具方式进行债务重组的，债权人应当在相关资产符合其定义和确认条件时予以确认。

以资产清偿债务方式进行债务重组的，债权人初始确认受让的金融资产以外的资产时，应当按照下列原则以成本计量：

存货的成本，包括放弃债权的公允价值和使该资产达到当前位置和状态所发生的可直接归属于该资产的税金、运输费、装卸费、保险费等其他成本。

对联营企业或合营企业投资的成本，包括放弃债权的公允价值和可直接归属于该资产的税金等其他成本。

投资性房地产的成本，包括放弃债权的公允价值和可直接归属于该资产的税金等其他成本。

固定资产的成本，包括放弃债权的公允价值和使该资产达到预定可使用状态前所发生的可直接归属于该资产的税金、运输费、装卸费、安装费、专业人员服务费等其他成本。

生物资产的成本，包括放弃债权的公允价值和可直接归属于该资产的税金、运输费、保险费等其他成本。

无形资产的成本，包括放弃债权的公允价值和可直接归属于使该资产达到预定用途所发生的税金等其他成本。

放弃债权的公允价值与账面价值之间的差额，应当计入当期损益。

以多项资产清偿债务或者组合方式进行债务重组的，债权人应当首先按照《企业会计准则第22号——金融工具确认和计量》的规定确认和计量受让的金融资产和重组债权,然后按照受让的金融资产以外的各项资产的公允价值比例,对放弃债权的公允价值扣除受让金融资产和重组债权确认金额后的净额进行分配,并以此为基础按照本准则的规定分别确定各项资产的成本。放弃债权的公允价值与账面价值之间的差额,应当计入当期损益。

(2) 债务人的会计处理

以资产清偿债务方式进行债务重组的,债务人应当在相关资产和所清偿债务符合终止确认条件时予以终止确认,所清偿债务账面价值与转让资产账面价值之间的差额计入当期损益。

将债务转为权益工具方式进行债务重组的,债务人应当在所清偿债务符合终止确认条件时予以终止确认。债务人初始确认权益工具时应当按照权益工具的公允价值计量,权益工具的公允价值不能可靠计量的,应当按照所清偿债务的公允价值计量。所清偿债务账面价值与权益工具确认金额之间的差额,应当计入当期损益。

以多项资产清偿债务或者组合方式进行债务重组的,债务人应当按照本准则第十一条和第十二条的规定确认和计量权益工具和重组债务,所清偿债务的账面价值与转让资产的账面价值以及权益工具和重组债务的确认金额之和的差额,应当计入当期损益。

(3) 债务重组业务会计处理也可以归纳如下

① 在以资产清偿债务情况下,债务重组损益以清偿债务账面价值和转让资产账面价值确定,不涉及公允价值计量。

② 与资产清偿债务不同,将债务转为权益工具,涉及公允价值计量。即债务人初始确认权益工具,首选权益工具公允价值,权益工具公允价值无法可靠计量的,再以清偿债务公允价值计量。

③ 修改其他条款方式的债务重组,索引至金融工具准则。与债权人的处理相对应,此类修改其他条款方式的债务重组中,债务人应按金融确认和计量准则中有关"与交易对手方修改或重新议定合同"等规定,以及金融工具列报准则中有关"金融负债和权益工具之间的重分类"等规定进行处理。

④ 以多项资产清偿债务或组合方式进行债务重组,应分别按新债务重组准则确定权益工具价值及所转让资产账面价值,相应确认债务重组损益。此时,债务人首先应确定权益工具的公允价值,其余资产按账面价值结转。

⑤ 债务重组利得或损失不再计入"营业外收支"。

对于债权人,债务重组导致的债权终止确认,按金融工具相关准则及财务报表格式相关规定,应计入"投资收益"项目列报。对于债务人,债务重组中因处置非流动资产(金融工具、长期股权投资和投资性房地产除外)所产生的利得或损失,应在利润表中"其他收益"项目列报。

11.2 破产清算

1. 破产清算编制基础和计量属性

（1）编制基础

① 破产企业会计确认、计量和报告以非持续经营为前提。

② 企业经法院宣告破产的，应当按照法院或债权人会议要求的时点（包括破产宣告日、债权人会议确定的编报日、破产终结申请日等，以下简称破产报表日），编制清算财务报表，并由破产管理人签章。

（2）计量属性

① 破产企业在破产清算期间的资产应当以破产资产清算净值计量。本规定所称的资产，是指破产法规定的债务人（破产企业）财产。

破产资产清算净值，是指在破产清算的特定环境下和规定时限内，最可能的变现价值扣除相关的处置税费后的净额。最可能的变现价值应当为公开拍卖的变现价值，但是债权人会议另有决议或国家规定不能拍卖或限制转让的资产除外；债权人会议另有决议的，最可能的变现价值应当为其决议的处置方式下的变现价值；按照国家规定不能拍卖或限制转让的，应当将按照国家规定的方式处理后的所得作为变现价值。

② 破产企业在破产清算期间的负债应当以破产债务清偿价值计量。

破产债务清偿价值，是指在不考虑破产企业的实际清偿能力和折现等因素的情况下，破产企业按照相关法律规定或合同约定应当偿付的金额。

2. 破产清算确认和计量

破产清算会计的核算内容包括：

① 接管破产企业资产和债务等；

② 清查财产、清理债务，确认、计量破产资产和破产债务，并处理破产企业遗留事项；

③ 财产变现，清偿债务并分配剩余财产；

④ 核算清算损益，确认清算净资产；

⑤ 编制破产清算会计报告。

（1）初始确认

破产企业被法院宣告破产的，应当按照破产资产清算净值对破产宣告日的资产进行初始确认计量；按照破产债务清偿价值对破产宣告日的负债进行初始确认计量；相关差额直接计入清算净值。

（2）后续计量

破产企业在破产清算期间的资产，应当按照破产资产清算净值进行后续计量，负债按照破产债务清偿价值进行后续计量。破产企业应当按照破产报表日的破产资产清算净值和破产债务清偿价值,对资产和负债的账面价值分别进行调整,差额计入清算损益。

(3) 资产处置、债务清偿、各项费用等业务处理

① 破产清算期间发生资产处置的,破产企业应当终止确认相关被处置资产,并将处置所得金额与被处置资产的账面价值的差额扣除直接相关的处置费用后,计入清算损益。

② 破产清算期间发生债务清偿的,破产企业应当按照偿付金额,终止确认相应部分的负债。在偿付义务完全解除时,破产企业应当终止确认该负债的剩余账面价值,同时确认清算损益。

③ 破产清算期间发生各项费用、取得各项收益应当直接计入清算损益。

在破产清算期间,破产企业按照税法规定需缴纳企业所得税的,应当计算所得税费用,并将其计入清算损益。所得税费用应当仅反映破产企业当期应交所得税。

④ 破产企业因盘盈、追回等方式在破产清算期间取得的资产,应当按照取得时的破产资产清算净值进行初始确认计量,初始确认计量的账面价值与取得该资产的成本之间存在差额的,该差额应当计入清算损益。

破产企业在破产清算期间新承担的债务,应当按照破产债务清偿价值进行初始确认计量,并计入清算损益。

3. 清算财务报表的列报

(1) 破产企业财务报表

破产企业应当按照本规定编制清算财务报表,向法院、债权人会议等报表使用者反映破产企业在破产清算过程中的财务状况、清算损益、现金流量变动和债务偿付状况。

破产企业的财务报表包括清算资产负债表、清算损益表、清算现金流量表、债务清偿表及相关附注。

法院宣告企业破产的,破产企业应当以破产宣告日为破产报表日编制清算资产负债表及相关附注。

法院或债权人会议等要求提供清算财务报表的,破产企业应当根据其要求提供清算财务报表的时点确定破产报表日,编制清算资产负债表、清算损益表、清算现金流量表、债务清偿表及相关附注。

向法院申请裁定破产终结的,破产企业应当编制清算损益表、债务清偿表及相关附注。

(2) 清算资产负债表

清算资产负债表反映破产企业在破产报表日资产的破产资产清算净值,以及负债的破产债务清偿价值。

资产项目和负债项目的差额在清算资产负债表中作为清算净值列示。

(3) 清算损益表

清算损益表反映破产企业在破产清算期间发生的各项收益、费用。清算损益表至少应当单独列示反映下列信息的项目：资产处置净收益(损失)、债务清偿净收益(损失)、破产资产和负债净值变动净收益(损失)、破产费用、共益债务支出、所得税费用等。

(4) 清算现金流量表

清算现金流量表反映破产企业在破产清算期间货币资金余额的变动情况。清算现金流量表应当采用直接法编制，至少应当单独列示反映下列信息的项目：处置资产收到的现金净额、清偿债务支付的现金、支付破产费用的现金、支付共益债务支出的现金、支付所得税的现金等。

(5) 债务清偿表

债务清偿表反映破产企业在破产清算期间发生的债务清偿情况。债务清偿表应当根据破产法规定的债务清偿顺序，按照各项债务的明细单独列示。债务清偿表中列示的各项债务至少应当反映其确认金额、清偿比例、实际需清偿金额、已清偿金额、尚未清偿金额等信息。

(6) 清算财务报表附注

破产企业应当在清算财务报表附注中披露下列信息：

① 破产资产明细信息；

② 破产管理人依法追回的账外资产明细信息；

③ 破产管理人依法取回的质物和留置物的明细信息；

④ 未经法院确认的债务的明细信息；

⑤ 应付职工薪酬的明细信息；

⑥ 期末货币资金余额中已经提存用于向特定债权人分配或向国家缴纳税款的金额；

⑦ 资产处置损益的明细信息，包括资产性质、处置收入、处置费用及处置净收益；

⑧ 破产费用的明细信息，包括费用性质、金额等；

⑨ 共益债务支出的明细信息，包括具体项目、金额等。

11.3 天河公司债务重组案例

天河有限责任公司因近期发生亏损，现金流量严重不足，无力支付于 2015 年 12 月 31 日到期的应付海马有限责任公司账款 500 万元。经协商，天河公司与海马公司就此项债务进行重组。有关重组协议如下。

(1) 债务重组日为 2015 年 12 月 31 日。

(2) 天河公司以某项固定资产抵偿债务 80 万元(假定不考虑相关税费)。该固定资产的账面原价为 120 万元，已计提折旧为 50 万元，公允价值为 70 万元。

(3) 天河公司以存货抵偿债务 20 万元,存货账面价值 15 万元,公允价值为 10 万元(税费略)。

(4) 天河公司剩余债务 400 万元转为股份,股本 200 万元,公允价值为 300 万元。

(5) 海马公司应收账款已提坏账准备 5 万元,假设用于冲减固定资产偿还的债权。

讨论:
1. 债务重组方式和适用其他会计准则情况。
2. 有关天河、海马公司债务重组会计业务处理。

【案例分析】

1. 债务重组是指不改变交易对手方的情况下,债权人和债务人通过以下方式就债务条款重新达成协议的交易:(1)以存货、长期股权投资、投资性房地产、固定资产、生物资产、无形资产等非现金资产清偿债务;(2)将债务转为权益工具;(3)除上述(1)和(2)两种方式修改其他债务条件,如调整债务本金、改变债务利息、变更还款期限等。

债务重组下列情况适用其他相关会计准则:

(1) 债务重组中涉及的债权、重组债权、债务、重组债务和其他金融工具的确认、计量和列报,分别适用《企业会计准则第 22 号——金融工具确认和计量》和《企业会计准则第 37 号——金融工具列报》。

(2) 通过债务重组形成企业合并的,适用《企业会计准则第 20 号——企业合并》。

(3) 债权人或债务人中的一方直接或间接对另一方持股且以股东身份进行债务重组的,或者债权人与债务人在债务重组前后均受同一方或相同的多方最终控制,且该债务重组的交易实质是债权人或债务人进行了权益性分配或接受了权益性投入的,适用权益性交易的有关会计处理规定。

2. 债务重组协议签署日不做会计分录。

债务人天河业务会计处理:

(1) 借:应付账款　　　　　　　　　　　　　800 000
　　　累计折旧　　　　　　　　　　　　　500 000
　　　　贷:固定资产　　　　　　　　　　　　　1 200 000
　　　　　　其他收益——债务重组收益　　　　　100 000

(2) 借:应付账款　　　　　　　　　　　　　200 000
　　　　贷:库存商品　　　　　　　　　　　　　150 000
　　　　　　其他收益——债务重组收益　　　　　50 000

(3) 借:应付账款　　　　　　　　　　　　　4 000 000
　　　　贷:股本　　　　　　　　　　　　　　　2 000 000
　　　　　　资本公积　　　　　　　　　　　　1 000 000
　　　　　　投资收益　　　　　　　　　　　　1 000 000

债权人海马公司业务会计处理:

(1) 借：固定资产　　　　　　　　　　　　　700 000
　　　坏账准备　　　　　　　　　　　　　 50 000
　　　投资收益　　　　　　　　　　　　　 50 000
　　　贷：应收账款　　　　　　　　　　　　　　　800 000
(2) 借：库存商品　　　　　　　　　　　　　100 000
　　　投资收益　　　　　　　　　　　　　100 000
　　　贷：应收账款　　　　　　　　　　　　　　　200 000
(3) 借：长期股权投资　　　　　　　　　　3 000 000
　　　投资收益　　　　　　　　　　　　1 000 000
　　　贷：应收账款　　　　　　　　　　　　　　4 000 000

11.4　ST公司企业重组与破产清算案例

某ST公司是一家集科、工、贸、金为一体，主要加工塑料和基础化工材料的上市公司，该公司具有多条从德国引进的先进塑料管材生产线。

1. 某ST公司资产重组方式

通过市政府、当地Z化工公司以及债权人的共同协商，某ST公司进行债权重组，该次的债权重组包括公司的债务重组和公司的资产重组。该重组采用的是混合偿还的方式，一部分通过公司持有的现金偿还，一部分通过非现金的资产进行偿还，另外也可以有部分通过修改债务偿还条件而豁免。相关的部分内容如下：

(1) 2020年8月，Z化工投资有限公司以委托借款形式向甲公司借款5 400余万元，价款期限一年，同时按照国家相关政策对借款利息进行减免。

(2) 2020年11月，某ST公司与北京东湾投资公司协定将公司以60%的折算比例偿还该部分的债务重组，大致约3 000余万元，Z化工公司向其提供该部分的资金。

(3) 2020年11月，某ST公司向Z化工公司借款8 000余万元，用于偿还市工行支行的债务，以解除原来ST公司工业用地租赁的抵押。

2. 某ST公司债权重组内容

(1) 债务重组方案

由于ST公司不能及时偿还债务，债务人向市中级人民法院申请破产还债，公司正式进入破产程序。2017年1月，当地人民法院接受处理，正式进入破产程序。2017年5月，ST甲公司被法院正式宣布破产，并同时进入公司的清算时期。2018年2月，当地人民法院通过该公司的《重组计划草案》，破产程序停止，该重组计划的执行时间期限为三年，公司需要按照计划草案向债权人清还债务。主要内容如下：

根据ST公司提供的《重组计划草案》,将债权人分为四类:优先债权人部分、职工债权人部分、税款债券部分、普通债权部分。每个部分的具体数额如下:优先债权人部分,总额为1.4亿元,职工债权人部分为4 000万元,税款债券部分总欠款为3 000万元,普通债权部分为6 000万元。

对于四类债权部分,偿还方式为优先债权人部分、职工债权人部分、税款债券部分、普通债权部分。优先债权人部分以现金方式偿还,偿还时间为三年,分为六次进行偿还,每隔6个月偿还一次。税款债券部分的欠款以先进方式进行偿还,偿还时间为6个月,从法院重组计划决定之日起,6个月内清偿完毕。职工债权人部分偿还期限为三年,偿还方式以全部为现金,按照国家规定,在偿还期限内偿还。普通债权部分分为10万元以上和10万元以下两个部分进行偿还,10万元以上的部分,还款期限为三年,分三期进行偿还;10万元以下的部分在法院重组计划决定之日起,6个月内偿还清。债务偿还计划见表11-1。

表11-1 债务偿还计划表

还款方案 \ 债权组	优先债权人部分	税款债券部分	职工债权人部分	10万元以上普通债权	10万元以下普通债权
债务总额(亿元)	1.4	0.3	0.4	0.45	0.15
现金偿还比例	100%	100%	100%	13%	100%
偿还期限	三年	六个月	三年	三年	六个月
偿还频率	每六个月清偿一次,每次清偿六分之一	重整计划裁定之日起,六个月内清偿完	按国家规定执行,在重整计划期满前清偿完毕	分三期清偿完毕,每年为一期,每期偿还三分之一	重整计划裁定之日起,六个月内一次性偿还完毕
其他偿还方式	无	无	无	无	无
未清偿部分计划	—	—	—	—	—

(2)银行债务部分偿还

根据2018年5月,Z化工投资有限公司与ST甲公司签订的《关于执行重组计划的股权转让协议》规定,ST公司将公司4 000万股股权转让至Z化工投资公司名下,在以后ST公司的债务偿还计划中,Z化工投资公司具有连带保证责任,并且帮助其偿还债务。

根据ST甲公司提供的《重组计划草案》,该公司需要向农业银行分行偿还债务总额约为2 000万元。2019年9月,与农业银行分行商议同意某ST公司重新制订偿还计划,计划在2023年7月之前偿还清所有债务,新制订的偿还计划见表11-2。

表11-2 农业银行债权部分偿还计划

偿债时间	偿债金额
2020年9月30日前	200万元
2021年12月31日前	300万元
2022年12月31日前	200万元
2023年6月30日前	1 604.325 5万元

根据ST公司提供的《重组计划草案》,该公司需要向中国银行分行偿还债务总额约为4 500万元。2019年9月,中国银行分行将该部分的债权转让给东方资产投资公司,2020年4月,东方投资公司又将该部分债权转让给北京东湾投资有限公司,2020年11月,ST公司与北京东湾投资有限公司商议协定将债务按照60%的折算比例即2 700万元对该部分的债务进行了重组,并且该部分由Z化工投资有限公司暂行借用偿还。

3. 公司债权重组过程

(1) 申请进入破产程序

2017年1月,由于公司不能及时偿还债务,债权人向市中级人民法院申请破产还债,公司正式进入破产程序。在2017年2月由于公司在2015年和2016年两年的连续亏损,公司股票受到股票退市风险警告。在2018年1月,ST甲公司开始破产整顿,公司的股票也开始停牌。同时公司向当地人民法院提交了公司重组计划草案。2018年2月,市中级人民法院通过甲公司的《重组计划草案》,该草案的执行时间为三年,公司进入破产执行期,在此期间公司需要按照计划草案向债权人清还债务。

(2) 破产执行

根据ST公司通过的破产重组计划方案,2018年2月根据ST公司的委托,拍卖公司依法对公司的4 500万份股权进行拍卖转让。先后共有两家公司进行竞买,最后由Z化工投资有限公司竞得。该公司以2 400万元获得该部分的股权,占ST公司总股份的11.9%。

讨论:债务重组会计含义、企业重组会计处理与破产清算会计的区别。

【案例分析】

债务重组含义:债务重组是指不改变交易对手方的情况下,债权人和债务人通过以下方式就债务条款重新达成协议的交易:

(1) 以存货、长期股权投资、投资性房地产、固定资产、生物资产、无形资产等非现金资产清偿债务;

(2) 将债务转为权益工具;

(3) 除上述(1)和(2)两种方式修改其他债务条件,如调整债务本金、改变债务利息、变更还款期限等。

企业重组:比债务重组范围更进一步,涉及运用资产重组、负债重组和所有者权益重组方式,重新调整资产负债表,改变原有资本结构、负债结构和股本结构。

破产清算会计:破产清算会计是财务会计的一个特殊分支。它是以现有的各种会计方法为基础,以破产法律制度为依据,反映和监督企业破产清算过程中的各种会计事项,对破产财产、破产债权、破产净资产、破产损益等进行确认、计量、记录和报告的一种程序和方法。

11.5　航运史上最大破产案——韩进海运公司破产

1. 韩进海运公司破产事件

韩进海运有限公司(HANJIN SHIPPING CO.,LTD.,下文简称"韩进")曾经是集装箱运力韩国国内最大、世界排名第七的航运公司,韩进海运在全球范围内构建了完善的服务网络,其中在中国境内设有全球四个地区总部之一以及十余家分公司和办事处。受2008年金融危机和全球经济发展迟缓、国际贸易量下降所致航运供需失衡等影响,2015年年底,韩进海运债务已高达59亿美元。2016年上半年,韩进海运累计亏损42亿美元。2016年8月31日,韩进海运正式向韩国首尔中央区法院提出破产保护申请。该法院于9月1日宣布对韩进海运予以破产保护,并由法院指定第三方管理,韩进海运正式在韩国进入破产重整程序。目前,该案债权申报程序已经结束,全球有将近4 000家债权人申报债权,包括300余家来自中国的债权人。

韩进破产案是目前世界上最大的航运企业破产案,在短时间内对全球正常的航运与贸易秩序产生了巨大冲击。韩进海运进入破产重整程序后,旗下多艘船舶被陆续扣押于新加坡、澳大利亚、美国、中国、比利时等国的港口或码头,另有几十艘满载货物的韩进海运船舶由于担心进港后被扣押或滞留而漂泊在公海上,引发大量的经济损失和海事案件。为减轻债权人在全球各地自行扣押船舶给债务人和其他债权人造成的巨额损失、保障债务人的资产完整性以及运营持续性,韩进海运的破产管理人向全球多个国家提出破产保护申请,请求各国法院承认和协助债务人正在韩国首尔进行的破产重整程序,并发布禁止扣押令,以阻止韩进海运船舶在其境内被扣押。日本、美国、英国、澳大利亚、德国、新加坡、加拿大均批准了韩进海运管理人提交的破产保护申请,承认韩进海运正在韩国境内进行的破产重整程序,并对位于其本国境内的韩进资产予以不同程度的救济与协助。

2. 破产保护

韩进为全世界35个国家提供了约60条航线,这些航线把全球90多个港口(约6 000多个目的地)连成一体,其申请破产导致世界范围内的供应链动荡,多地出现扣船、扣货的现象,致使全球一半以上的货主和货运代理(下文简称货代)深受影响。韩进旗下掌管着100多艘集装箱船,总运力约达61.8万标准箱。

2016年9月1日,全球各大口岸因为担心韩进拖欠港口费、卸货费等费用而下令禁止韩进船只靠港。中国各港口也拒绝了韩进海运的船只停泊,深圳盐田港和天津港已扣押了部分韩进船只,作为韩进物流基地的上海港和山东青岛港也扣押了部分已进港的船只和货物,"韩进杜塞尔多夫"号和"韩进秀镐"号滞留在上海港多日。仅9月1日一天,韩进被禁止靠港的船舶就达到了44艘,还有一艘船只被扣押,接下来的几天韩进经营的约百艘集装箱船均遭到了港务局的拒绝,导致上百亿美元的货物"漂"于大海上。9月2日,同韩进签署合作协议的伙伴方(中国远洋海运、日本川崎汽船等)纷纷发表声明,终止与韩进的合作。

2016年9月3日,韩进海运向美国的法院申请破产保护,以确保它们的船舶在美国正常航行。之后,韩进陆续向全球43个国家做出了同样的申请。

2016年9月8日,原本同意注资9 000万美元的韩进母公司韩进集团拒绝伸出援手,令本来就恐慌的航运界雪上加霜,世界各地的货主纷纷致电韩国国际货运代理协会询问货物的下落。另一边,韩进忙于和各大港口的谈判,9月19日,已有28艘韩进的船舶在西班牙等卸货完毕,但部分货物蒙受损失。9月29日,大韩航空向韩进提供约5 100万美元的贷款帮助韩进解决卸货问题,对韩进来说,这些贷款近乎杯水车薪。10月8日,上海港首次允许韩进船舶停靠,但船公司或货主需预付定金。同时,全球掀起了韩进资产的拍卖潮,11月21日,位于深圳盐田港的484个韩进集装箱在中国首次拍卖。

讨论:
1. 阐述破产清算主要内容。
2. 如何从财务报表角度分析韩进海运破产原因?
3. 破产财务报表包括哪些?
4. 航运跨界破产保护对于债权人有什么特点(拓展题)。

【案例分析】
1. 破产清算主要业务处理
(1) 破产清算期间发生资产处置的,破产企业应当终止确认相关被处置资产,并将处置所得金额与被处置资产的账面价值的差额扣除直接相关的处置费用后,计入清算损益。
(2) 破产清算期间发生债务清偿的,破产企业应当按照偿付金额,终止确认相应部分的负债。在偿付义务完全解除时,破产企业应当终止确认该负债的剩余账面价值,同时确认清算损益。
(3) 破产清算期间发生各项费用、取得各项收益应当直接计入清算损益。
在破产清算期间,破产企业按照税法规定需缴纳企业所得税的,应当计算所得税费用,并将其计入清算损益。所得税费用应当仅反映破产企业当期应交的所得税。
(4) 破产企业因盘盈、追回等方式在破产清算期间取得的资产,应当按照取得时的破产资产清算净值进行初始确认计量,初始确认计量的账面价值与取得该资产的成本之间存在差额的,该差额应当计入清算损益。

破产企业在破产清算期间新承担的债务,应当按照破产债务清偿价值进行初始确认计量,并计入清算损益。

2. 资产负债表长期资不抵债,利润表利润为亏损以及现金流量表净流量为负。2008

年的金融危机导致航运运费极速下滑,而韩进海运却签署了高额的租船签约,导致每年的租船费用比市场价格高出5倍,每年韩进海运需要负担的租船费用达到数千亿韩元。截至2015年年底,韩进海运负债与股东权益比率将近850%,2020年上半年韩进海运累计亏损4 730亿韩元(约合人民币28亿元)。韩进海运一直以来都是依靠韩国产业银行、韩亚银行、韩国农协银行、友利银行等多家银行的资助而维生,由于海运业及其上下游产业都具备高杠杆和严重依赖资金链的特性,一家大公司资金链断裂会迫使上下游因"没有时间等待余震"而采取如此次扣船、拒绝放行般的断然措施以止损,一旦银行决定抽贷,财务报表现金流断裂就不可避免地走向破产。

3. 破产企业财务报表包括:破产企业应当按照本规定编制清算财务报表,向法院、债权人会议等报表使用者反映破产企业在破产清算过程中的财务状况、清算损益、现金流量变动和债务偿付状况。

破产企业的财务报表包括清算资产负债表、清算损益表、清算现金流量表、债务清偿表及相关附注。

法院宣告企业破产的,破产企业应当以破产宣告日为破产报表日编制清算资产负债表及相关附注。

法院或债权人会议等要求提供清算财务报表的,破产企业应当根据其要求提供清算财务报表的时点确定破产报表日,编制清算资产负债表、清算损益表、清算现金流量表、债务清偿表及相关附注。

向法院申请裁定破产终结的,破产企业应当编制清算损益表、债务清偿表及相关附注。

4. 关于破产程序间的差异,在跨界破产司法实践中,各国破产程序的韩国程序对本国债权人的影响,外国程序对本国债权人的影响是各国进行破产合作时必须考虑的问题。在本案中,新加坡高等法院认识到,如果承认韩进海运韩国破产重整程序,即会对已经在新加坡扣押韩进海运船舶的债权人造成不利影响,即一旦承认韩国程序,韩进海运位于新加坡境内的船舶应得到"禁止令"的保护,并极有可能在短时间内完成卸货、燃料及食物补给,驶离新加坡港口。

11.6 实训活动

 活动要求

1. 掌握债务重组的主要方式。
2. 掌握债务重组中债权人会计业务处理。
3. 掌握债务重组中债务人会计业务处理。

活动内容

2016年4月1日,中船重工公司销售一批产品给长江企业,销售货款总额为360万元(含增值税)。中船重工公司于同日收到一张票面金额为360万元、期限为6个月、票面年利率为5%的商业汇票。中船重工公司按月计提该商业汇票的利息。2016年10月1日,长江企业未能兑付到期票据,中船重工公司将应收票据本息余额转入应收账款,但不再计提利息。2016年12月5日,双方经协商进行债务重组,签订的债务重组协议内容如下。

(1)长江企业以其持有的一项拥有完全产权的房产抵偿72万元的债务。该房产在长江企业的账面原价为120万元,已计提折旧36万元,已计提减值准备6万元。该固定资产公允价值为其账面净值。

(2)中船重工公司同意豁免长江企业债务本金48万元及2016年4月1日至2016年9月30日计提的全部利息。

(3)将剩余债务的偿还期限延长至2017年12月31日,在债务延长期间,剩余债务余额按年利率5%收取利息,本息到期一次偿付,现行贴现率为5%。

(4)该协议自2016年12月31日起执行。债务重组日之前,中船重工公司对上述债权未计提坏账准备。

上述房产的所有权变更、部分债务解除手续及其他有关法律手续已于2016年12月31日完成。中船重工公司将取得的房产作为固定资产进行核算和管理。长江企业于2017年12月31日按上述协议规定偿付了所有债务。

要求:
(1)计算中船重工公司2016年12月31日该重组债权的账面金额。
(2)中船重工公司与长江企业2016年12月31日与该债务重组相关的会计分录(不考虑税费)。
(3)中船重工公司与长江企业2017年12月31日债权、债务实际清偿时的会计分录。

 活动评价

(1)中船重工公司2016年12月31日该重组债权的账面余额

中船重工公司2016年12月31日该重组债权的账面余额
$=360\times(1+5\%\times 6/12)=369(万元)$。

(2)中船重工公司与长江企业2016年12月31日债务重组会计分录

债权人中船重工公司:

借:固定资产　　　　　　　　　　78　(120−36−6＝78)
　　贷:应收账款　　　　　　　　　　　　　　　72

    投资收益   6

  债务人长江企业：

   借：应付账款   72

     累计折旧   36

     固定资产减值准备   6

     其他收益——债务重组收益 6 （120－36－6）－72＝6

   贷：固定资产   120

 （3）中船重工公司与长江企业 2017 年 12 月 31 日债权、债务实际清偿时的会计分录

369－72－48－9＝240（万元）

240×(1＋5%)＝252（万元）

  债权人中船重工公司：

   借：银行存款   252

     投资收益   45

   贷：应收账款   297 （369－72＝297）

  债务人长江企业：

   借：应付账款   297 （369－72＝297）

   贷：银行存款   252

     投资收益   45

11.7 债务重组实训练习

实训练习一

  朗逸公司 2014 年 3 月 15 日鉴于以前销售给轩亚公司的一批货款 120 万元迟迟不能收回，遂与轩亚公司达成将债权转为股权协议。轩亚公司将债务转为资本后，注册资本为 400 万元，朗逸公司所占股权比例为 20%（公允价值为 100 万元）。轩亚公司于 5 月 10 日办妥了增资手续，并出具了出资证明。已知朗逸公司对此笔应收账款计提了 5 万元的坏账准备。

  要求：

  （1）计算朗逸公司应确认的债务重组损失。

  （2）编制轩亚公司在债务重组日的会计分录。

实训练习二

  2019 年 6 月，A 公司持有 B 公司应收账款账面原值为 500 万元，已计提坏账准备 100 万元。A 公司与 B 公司当月达成协议，B 公司以其持有的一套房产抵偿对 A 公司的

债务。B公司将该房产作为固定资产核算,当月账面净值为250万元。其中,原值为400万元,已计提累计折旧150万元。经评估,该房产当月公允价值为395万元。双方于当月完成该房产产权转移手续。(假设不考虑相关税费。)

要求:编制债务人和债权人相关会计业务处理。

实训练习三:不同形式债务重组

1. 债务人以存货偿债

南方公司欠东方公司货款80万元。(南方公司与东方公司双方协商,)南方公司以存货偿还债务。该存货账面价值为50万元,公允价值70万元(税略)。

要求:南方公司、东方公司有关会计业务处理。

2. 债务人增发自身股份偿债

南方公司欠东方公司货款100万元。(南方公司与东方公司双方协商,)南方公司增发20万份面值1元、每股市价3.5元的普通股偿债,其他条件相同。

要求:南方公司、东方公司有关会计业务处理。

3. 债务人以金融资产偿还债务

南方公司欠东方公司货款60万元。(南方公司与东方公司协商,)双方达成如下协议:南方公司以交易性金融资产偿还债务。南方公司交易性金融资产的账面价值为40万元,公允价值50万元。

要求:南方公司、东方公司有关会计业务处理。

债务重组实训练习答案

 **本章小结**

2019年修订的《企业会计准则第12号——债务重组》界定债务重组含义、债务重组方式:债务重组是指不改变交易对手方的情况下,债权人和债务人通过以下方式就债务条款重新达成协议的交易:

(1) 以存货、长期股权投资、投资性房地产、固定资产、生物资产、无形资产等非现金资产清偿债务；

(2) 将债务转为权益工具；

(3) 除上述(1)和(2)两种方式修改其他债务条件，如调整债务本金、改变债务利息、变更还款期限等。

破产清算会计的会计处理程序：增设、减少或者合并某些账户；结转期初余额；破产财产的账务处理；破产费用的账务处理；转让土地使用权、支付职工有关费用的账务处理；清偿债务的账务处理；结转清算损益；移交会计档案。

思考题

1. 债务重组的含义和重组方式？
2. 债权人和债务人重组的会计业务处理。
3. 企业重组与债务重组的区别？
4. 破产清算会计核算的特点？

第 12 章

合伙企业会计

学习目标

1. 了解合伙企业特征及会计核算特点。
2. 了解红利法和商誉法的含义及应用。
3. 掌握合伙企业特殊账户。
4. 掌握合伙企业的损益分配。
5. 掌握入伙和退货的会计处理。
6. 了解合伙企业的清算方法。

12.1 合伙企业特征及会计核算特点

1. 合伙企业特征及会计核算特点

合伙企业是一种由多个自然人共同出资、共同所有、共同经营以及共同承担风险和分享收益的企业制度。合伙企业会计设置"实收资本——合伙企业资本""合伙人提款"特有会计账户。

2. 红利法和商誉法的含义

当合伙人所享受的资本权益份额与所投入的可辨认资产不一致时,就产生其差额如何确认处理的问题,可采用两种方法:红利法和商誉法。

12.2 合伙企业会计核算

1. 合伙企业的损益分配

合伙企业作为经营单位,既会取得经营利润,也可能发生亏损。合伙企业的各种收入减去各项费用后的差额,就是合伙损益,它包括营业利润(或亏损)、投资净收益(或损失)和营业外收支净额等。

合伙企业经营收入和费用,在会计上可分别设置有关收入和费用账户进行核算,并设置"本年利润"账户反映合伙企业经营损益,这与公司会计中收入、费用和本年利润的核算方法基本相同。也可只设置"本年利润"账户,直接反映收入的取得、费用的发生和利润(或亏损)的形成,这样可以减少账簿登记的工作量。年度终了时,"本年利润"账户中的损益,应按合伙协约的规定转入"合伙人资本"账户。

分配合伙损益时,可按合伙人应分享的利润,借记本年利润,贷记合伙人资本。对于合伙人平时从预计可分得的合伙利润中的提款和年终提取的利润分配数额,最终应冲减合伙人资本。

2. 合伙人损益分配方法

合伙企业的利润分配灵活多样。常用的分配方法有约定比例法、出资比例法、劳动量比例法、平均分配法等。因此,在合伙协议中应明确规定合伙损益的分配法。在损益分配的时间上也可灵活确定,可按年度分配,也可在一定时期内进行分配,分配方案由合伙人共同决定。

12.3 合伙人权益变更

1. 入伙和退伙的会计处理

合伙人权益变更是指因新合伙人入伙,现有合伙人退休或死亡等,造成合伙人权益的变更,这种变更使现有的法律合伙主体解散,但不意味着合伙经营或独立会计主体的合伙终止,只是在原合伙关系解散时新的合伙关系又形成。合伙企业的这种合伙权变更必须进行必要的会计处理。

(1) 入伙

入伙是合伙企业在存续期间,现有合伙人以外的第三人加入合伙,从而取得合伙人的资格。新合伙人入伙的形式有两种:一是向现有合伙人购买伙权;二是以货币或其他可接受的资产进行投资。

(2) 合伙人退伙

合伙人因一些特殊情况可能会退出合伙企业,从而丧失合伙人资格。退伙人有权收回应得的利益。退伙人退伙的方式有两种:一是出售其合伙权给其他合伙人或新合伙人,此方式如同公司股份的转让;二是从合伙企业抽回资本,合伙企业退给其应得的利益。

2. 合伙企业的清算方法

根据资产的性质和数量、偿债能力强弱以及清算所需时间的长短,合伙企业的清算可分为简单合伙清算和分期清算。

12.4　重要合伙人与国际"四大"会计师事务所发展案例

合伙制会计师事务所的市场形象很大程度上依赖于其主要合伙人的个人信誉,会计师事务所的名称也是以其创始人的名字命名的。

1. 普华永道(Price WaterHouse)

普华永道(Price WaterHouse)最初成立于 1865 年。作为高级合伙人的 Price 出生于 1821 年,最初工作于英国布里斯托尔一家提供会计、拍卖、破产代理服务公司。直到 1865 年与朋友 Holyland 合伙。Holyland 出生于 1807 年,他发展了破产清算的专门技术方法。WaterHouse 1841 年出生于利物浦,从小生长在严谨的、一丝不苟的教会派信徒商人家庭氛围中,毕业于伦敦大学。Holyland 退休后公司改名为普华永道(Price WaterHouse)。WaterHouse 作为合伙人中初出道者,负责了大量在英国的建设性工作,并成为推进会计职业发展的杰出引领者。

2. 安永(Ernst & Young)

Ernst 和 Young 分别指两位著名的会计师事务所合伙人 AC Ernst 和 Arthur Young。Ernst 和 Young 是两种不同类型的人。Young 1863 年生于英国的一个名门望族,毕业于格拉斯哥大学,是一个说话温和的人。出于对投资和银行业的兴趣,Young 步入了会计职业界。当他移民美国并定居芝加哥后,成立了 Arthur Young 会计师事务所。相反,个性外向的 Ernst1881 年出生于美国俄亥俄州,一直在本土接受完成自我个性的教育和培养。Ernst 曾做过簿记员,后于 1903 年同其兄弟成立了 Ernst&Ernst 会计师事务所。Ernst 推崇会计信息应当有助于商业决策的理念,并成为最早提供专业咨询服务的人。

3. 毕马威(KPMG)

毕马威在 1987 年由 Peat Marwick International(PMI)和 Klynveld Main Goerdeler(KMG)合并成立。毕马威(KPMG)由几个世纪前最初公司创立者名字第一个字母组成而来。K 代表 Klynveld,Piet Klynveld 于 1917 年在阿姆斯特丹成立 Klynveld Kraayenhof&Co 会计师事务所。P 是指 Peat,William Barclay Peat 于 1870 年在伦敦成立 William Barclay Peat&Co. 会计师事务所。M 代表 Marwick 和 Roger Mitchell 于

1897年在纽约成立的 Marwick, Mitchell&Co. 会计师事务所。G 是指 Goerdeler, Dr. Reinhard Goerdeler 曾经是 Deutsche Treuh Gesellschaft 公司多年主席,后来他为 KMG 的合并做出大量基础性工作,并一度成为毕马威(KPMG)主席。

4. 德勤(Deloitte & Touce)

Deloitte Touche 于 1990 年 2 月由 Touche Ross 和 De-loittehaskins&SellsSamson 合并组成。DTT 中的 Deloitte 来自 WilliamWelch Deloitte,他被视为现代会计的先驱之一,年仅 15 岁就成为伦敦破产法庭的官员,25 岁时(1854 年)开办了自己的办公室,并在大西部铁路公司(GreatWestern Railway)成为历史上第一个接受委任的独立审计师。当他的办公室在美国设立时,宝洁公司(Procter&Gamble)就成为其客户并一直延续至今。DTT 中的 Touche 来自 George Touche,他在 1883 年取得会计师执照,1958 年,Touche 事务所同 Ross 事务所合并。Ross 是一个在加拿大拥有较大产业的格拉斯哥人。DTT 中 Tohmatsu 是以日本会计师等松命名的。等松生于 1895 年,曾出任日本驻伦敦大使馆海军专员,1952 年取得日本注册会计师资格,1967 年起担任日本注册会计师协会会长。1968 年,以他的名字命名的会计师事务所 Tohmatsu&Co. 成立。1999 年,Deloitte Touche 和 Tohmatsu 合并,形成现在的德勤。

讨论:

1. 目前我国会计师事务所采用公司制和合伙制,合伙人的声誉与能力对合伙制公司发展很重要,新合伙人投资入伙出资额与其所占合伙人权益份额不一致时,会计处理方法有哪些?有什么不同?

2. 伙人资本账户有什么特点?

3. 合伙人日常开销通过什么账户进行核算?

【案例分析】

1. 新增入伙合伙人出资额与其所占合伙人资本权益份额不一致时,会计处理方法有红利法和商誉法两种。红利法亦称无须重估法(nonrevaluation method),与商誉法相对。处理合伙企业所有权变更的一种会计方法。在新合伙人入伙时,不确认商誉,只按所有权变更业务本身调整有关合伙人的资本账户的方法。红利法会计业务处理要点是:

(1) 按原合伙人合伙权和新合伙人投资数计算。确定新合伙企业的合伙权总额;

(2) 在入伙后,新合伙人合伙权按其占新合伙企业的伙权总额的份额确定,而不是按实际投资数确定;

(3) 账面上不确认入伙所隐含的商誉。在合伙人退伙,合伙企业支付额超过该合伙人的原投资额时,也需要按超过部分调整其他合伙人的资本。

商誉法亦称重估法(revaluation method)。与红利法相对。处理合伙企业所有权变更的一种会计方法。在新合伙人入伙时,在账上确认商誉,合伙企业的资产按公允价值反映的方法。

2. 合伙人资本通过"实收资本——合伙人资本"账户来核算合伙人投入的资本以及分享的经营所得。当合伙人投入资本时,借记资产账户,贷记"实收资本——合伙人资本"账户。该账户贷方余额随着合伙人追加投资以及利润的分配而增加,并随着合伙人提用资产以及由于亏损的分担而减少。此外,"实收资本——合伙人资本"账户还因合伙人的变动而增减。

3. 合伙人日常开销通过合伙人提款,"合伙人提款"账户用来核算合伙人当期从合伙企业提取的资产和从合伙资产中提取用于个人花费的支出。当合伙人提取一定数额资产时,按提取数借记"合伙人提款",但将使合伙人的所有者权益永久性减少的巨额提款,则应直接借记"实收资本——合伙人"账户。会计年度末,将"合伙人提款"账户的借方余额结转到"实收资本——合伙人"账户。

12.5 合伙人损益分配与薪酬设计案例

会计师事务所合伙人薪酬设计——基于资历的分配方法

天信会计师事务所目前有 6 个合伙人,9 个专业人员,总共有 30 位员工,在两个城市有办事处。该事务所在确定合伙人薪酬时不考虑其在事务所的资本权益,因为事务所设定合伙人在事务所中有相同的资本权益份额。资本购买价格是在事务所净资产账面价值的基础上,对当时的固定资产现值加以调整,不考虑商誉。对于退出的合伙人也采用相同的权益计价方法。

合伙人的薪酬包括三个部分:工资、奖金、资历因素的报酬。其中,工资在年初根据本年度估计的经营情况确定,每半月支付一次等额的工资,以提供高于平均水平的生活水准。奖金则根据该年事务所的盈利情况而定,再根据年度的合伙人评价结果确定具体分配方案,用来激励表现优秀的合伙人。

资历在两方面影响股东薪酬:首先,高级合伙人的工资中包含了商誉差异化因素。新合伙人(初级合伙人)在成为合伙人的第一年只能拿到高级合伙人的 80%,然后每年增加 2%,10 年后差异消除。其次,退休福利计划差异。事务所将向高级合伙人的退休福利账户中拨入更高比例的款项。对可用于合伙人退休福利计划的利润,具体分配到每位合伙人退休福利账户的方法为:首先加总每位合伙人在本事务所的年数,然后按照每位合伙人自己的资历年数与全部合伙人的资历年数之比算出各自的份额。

讨论:合伙人损益分配方式有哪几种?请分析本案例合伙人薪酬设计特点。

【案例分析】

合伙人损益分配方式有约定比例分配法、资本比例分配法、资本收益分配法、合伙人薪金分配法、合伙人红利或津贴分配法等。

本案例可归于"基于资历的平均分配制",合伙人的薪酬包括年度工资、奖金、资历三个要素,相对更看重资历而不是当期业绩,没有像其他一些事务所那样按客户开发、收费小时等要素并赋予权重的公式法来确定薪酬。考虑到某些合伙人的表现确实更加优异，事务所也会通过奖金来实现部分的激励。在采用本薪酬制度之前，该事务所采用公式法计算事务所的公允价值，来确定合伙人进入和退出时的权益计价，即：新加入的合伙人购买价格不仅包括事务所权益的账面价值，还要为商誉做出额外支付。对于即将退休的合伙人，他们将通过出售其在事务所的资本权益（也包含商誉）收到大量的退休福利。这种退休政策在事务所发展的早期是可以承受的（当时的营业收入不高）。然而，随着事务所的成长，一个即将退休的高级合伙人的权益回购价格变得非常高昂，他会从事务所拿走大量的资金，以至于级别较低的合伙人和潜在合伙人很少有动力再留在事务所。

通过采用现行制度，新合伙人在成为合伙人时不再支付商誉价值，其资金压力大大减轻。老合伙人通过在退休前享受额外高工资和得到更高比例的退休福利，实现了自己创造的商誉价值。事务所在老合伙人退出时仅按权益账面价值进行支付，资金压力也得以减轻。

12.6 实 训 活 动

活动要求

1. 合伙企业初始设立合伙人入伙的会计处理方法。
2. 合伙企业损益分配的核算。
3. 向原合伙人购买合伙权入伙的会计处理。
4. 直接向合伙企业投资入伙的会计处理方法。

活动内容

实训一：合伙人初始投资业务处理

Jack、Harry 两人合伙成立一家企业，双方出资情况如表 12-1 所示。

表 12-1　Jack、Harry 出资情况　　　　　　　　　　　　单位：元

项　　目	Jack	Harry
现金	10 000	10 000
存货	10 000	
房屋		20 000
设备		20 000
土地使用权	20 000	
合计	40 000	50 000

要求：
1. 假设双方按实际出资额获得合伙权份额，请编制会计分录。
2. 假设双方约定合伙权份额均等，请分别按红利法和商誉法编制会计分录。

实训二：合伙人损益分配

假设 Gracie、Alice 的合伙企业 2020 年盈利 50 000 元，当期的资本期初余额 Gracie 为 60 000 元，Alice 为 40 000 元。Gracie 于当年 4 月 1 日增加投资 30 000 元，7 月 1 日提款 10 000 元。Alice 于当年 10 月 1 日提款 10 000 元。

要求：
1. 按照期末出资比例分配当期收益，并编制会计分录。
2. 按照 Gracie 与 Alice 7∶3 的收益分配比例分配收益，并编制会计分录。

实训三：合伙人权益变动业务处理

Jack、Harry 两人成立一家合伙企业，分别出资 60 000 元和 40 000 元，平均比例分享合伙企业收益。现 Gracie 要求入伙，经 Jack 和 Harry 协商，同意 Gracie 出资 40 000 元，占合伙权益总额的 1/3。

要求：
1. 如果 Gracie 直接向公司投资入伙，原合伙人享受权益比例还是平均，请编制会计分录。
2. 如果转让的 40 000 元合伙权由 Jack 和 Harry 按原来的出资比例分别出让，请按红利法和商誉法分别计算 Jack、Harry、Gracie 三人的资本额，并编制相应的会计分录。

 活动评价

实训一：合伙人初始投资业务处理

1. 双方按实际出资额获得合伙权份额

借：现金	20 000
存货	10 000
固定资产	60 000
贷：实收资本——合伙人 Jack	40 000
实收资本——合伙人 Harry	50 000

2. 双方约定合伙权份额均等

红利法处理：

借：现金	20 000
存货	10 000

　　　　固定资产　　　　　　　　　　　　　　　　60 000
　　　　　贷：实收资本——合伙人 Jack　　　　　　　　　45 000
　　　　　　　实收资本——合伙人 Harry　　　　　　　　45 000
商誉法处理：
借：现金　　　　　　　　　　　　　　　　　　20 000
　　存货　　　　　　　　　　　　　　　　　　10 000
　　固定资产　　　　　　　　　　　　　　　　60 000
　　商誉　　　　　　　　　　　　　　　　　　10 000
　　贷：实收资本——合伙人 Jack　　　　　　　　　50 000
　　　　实收资本——合伙人 Harry　　　　　　　　50 000

实训二：合伙人损益分配

1. 期末资本余额的计算

Gracie：60 000＋30 000－10 000＝80 000（元）；

Alice：40 000－10 000＝30 000（元）。

借：本年利润　　　　　50 000
　　贷：实收资本——Gracie　　36 364　　50 000×80 000/(80 000＋30 000)＝36 364
　　　　实收资本——Alice　　13 636　　50 000×30 000/(80 000＋30 000)＝13 636

2. 若按照 Gracie 与 Alice 7∶3 的收益分配比例分配收益

借：本年利润　　　　　50 000
　　贷：实收资本——Gracie　　35 000　　50 000×7/10＝35 000
　　　　实收资本——Alice　　15 000　　50 000×3/10＝15 000

实训三：合伙人权益变动业务处理

1. 直接向公司投资入伙

(1) 商誉法

商誉＝50 000÷1/3－(60 000＋40 000＋40 000)＝10 000（元）

借：现金　　　　　　　　　　　　　　　　　　40 000
　　商誉　　　　　　　　　　　　　　　　　　10 000
　　贷：实收资本——Gracie　　　　　　　　　　　50 000

(2) 红利法

借：现金　　　　　　　　　　　　　　　　　　40 000
　　实收资本——Jack　　　　　　　　　　　　3 333.5
　　实收资本——Harry　　　　　　　　　　　3 333.5
　　贷：实收资本——Gracie　　46 667　　(60 000＋40 000＋40 000)/3＝46 667

2. 向原合伙人转让股权入伙

(1) 商誉法：

商誉 = 40 000÷1/3 − (60 000 + 40 000) = 20 000(元)

借：商誉　　　　　　　20 000
　　贷：实收资本——Jack　　12 000　　{20 000×60 000/(60 000+40 000)} = 12 000
　　　　　　　　——Harry　　8 000　　{20 000×40 000/(60 000+40 000)} = 8 000
借：实收资本——Jack　　24 000　　{40 000×60 000/(60 000+40 000)} = 24 000
　　　　　　——Harry　　16 000　　{40 000×40 000/(60 000+40 000)} = 16 000
　　贷：实收资本——Gracie　40 000

(2) 红利法：

Gracie 合伙人应占权益份额 (60 000 + 40 000)×1/3 = 33 333(元)

借：实收资本——Jack　　　　　　　　　　　22 222
　　　　　　——Harry　　　　　　　　　　11 111
　　贷：实收资本——Gracie　　　　　　　　33 333

12.7　合伙企业会计实训练习

实训练习一

练习合伙人资本变动表的编制。徐正、薛凯、孟阳三人合伙协议规定，损益分配的情况如下：

1. 徐正因管理企业可得工资 20 000 元；
2. 合伙人可得平均资本余额 10% 的利息补贴；
3. 其余损益按 30%、30%、40% 分配给徐正、薛凯、孟阳三人。

2017 年 1 月 1 日，徐正有资本余额 80 000 元，2017 年 12 月 31 日，提款账户为 8 000 元；薛凯在 2017 年 1 月 1 日资本余额为 100 000 元，2017 年 9 月 1 日增资 30 000 元；孟阳期初余额为 120 000 元，7 月 1 日减资 10 000 元，10 月 1 日增资 20 000 元。2017 年度，合伙净损失为 12 000 元。

要求：

1. 编制 2017 年度合伙企业的正确损益分配表。
2. 编制 2017 年度合伙人资本变动表。

实训练习二

练习商誉法和红利法下的会计处理。资料：三个合伙人甲、乙、丙 2018 年 12 月 31 日的资本余额如下：

甲	144 000	损益分配率	4/10
乙	216 000	损益分配率	4/10
丙	90 000	损益分配率	2/10

2019年1月1日,丁以100 000元投资于合伙企业,以取得1/6资本以及利润分配权。

要求:

1. 丁直接投资入伙支付企业100 000元,分别用商誉法和红利法编制丁加入合伙的分录。

2. 若丁并非付给企业100 000元,而是向合伙人购买1/6的权益,分别用商誉法和红利法编制丁加入合伙的分录。

实训练习三

练习损益分配表的编制。资料:甲、乙、丙合伙成立于2019年1月1日,其原投资如下:

甲	100 000
乙	120 000
丙	160 000

根据合伙契约,各合伙人损益分配如下:

工资:甲　12 000
　　　乙　10 000
　　　丙　 8 000

利息:甲、乙、丙平均资本额的6%;其余损益平均分配。

其他资料:

1. 2019年度合伙净利润80 000元。
2. 2019年7月1日,甲增资20 000元。
3. 2019年10月1日,丙减资30 000元。
4. 2019年甲、乙、丙每人提款为10 000元。

要求:

1. 三个合伙人损益分配表。
2. 2019年2月28日合伙人资本变动表。

合伙企业会计实训练习答案

本章小结

合伙企业与公司相比,在会计核算上的主要差别在于损益分配及合伙人(所有者)权益的会计处理上。合伙企业对合伙人权益的会计核算,一般可设置"合伙人资本"和"合伙人提款"两个账户。合伙企业合伙人权益变更包括新增入伙和退伙,新增入伙有向原有合伙人购买伙权和以货币或其他可接受的资产进行投资两种形式,业务处理时可以采用商誉法或红利法。

思考题

1. 合伙人提款、减资及借贷款之间有何区别?
2. 合伙人工资与一般员工的工资性质是一样的吗?为什么?
3. 合伙会计与股份公司会计的不同之处在什么地方?请列举几点出来。
4. 合伙企业损益的损益分配方式可采用哪些形式?你认为何种方式最合理,请说明理由。
5. 新合伙人入伙时,有哪几种处理方法,并阐述每种方法的特点和优缺点。

教师服务

感谢您选用清华大学出版社的教材！为了更好地服务教学，我们为授课教师提供本书的教学辅助资源，以及本学科重点教材信息。请您扫码获取。

▶▶ 教辅获取

本书教辅资源，授课教师扫码获取

▶▶ 样书赠送

会计学类重点教材，教师扫码获取样书

清华大学出版社

E-mail: tupfuwu@163.com
电话: 010-83470332 / 83470142
地址: 北京市海淀区双清路学研大厦 B 座 509

网址: http://www.tup.com.cn/
传真: 8610-83470107
邮编: 100084